羽毛球

技战术训练与提高

方睿健 著

北京体育大学出版社

策划编辑　孙宇辉
责任编辑　刘艺璇
责任校对　陆继萍
版式设计　谭德毅

图书在版编目（ＣＩＰ）数据

羽毛球技战术训练与提高 / 方睿健著 . -- 北京：
北京体育大学出版社，2025.2
ISBN 978-7-5644-4082-4

Ⅰ．①羽… Ⅱ．①方… Ⅲ．①羽毛球运动－运动技术
－研究②羽毛球运动－竞赛战术－研究 Ⅳ．① G847.19

中国国家版本馆 CIP 数据核字 (2024) 第 090541 号

羽毛球技战术训练与提高
YUMAOQIU JIZHANSHU XUNLIAN YU TIGAO

方睿健　著

出版发行：北京体育大学出版社
地　　址：北京市海淀区农大南路 1 号院 2 号楼 2 层办公 B–212
邮　　编：100084
网　　址：http://cbs.bsu.edu.cn
发 行 部：010-62989320
邮 购 部：北京体育大学出版社读者服务部 010-62989432
印　　刷：三河市龙大印装有限公司
开　　本：787mm×1092mm　1/16
成品尺寸：185mm×260mm
印　　张：9.25
字　　数：209 千字
版　　次：2025 年 2 月第 1 版
印　　次：2025 年 2 月第 1 次印刷
定　　价：58.00 元

前言

　　羽毛球是一项富有趣味性和挑战性的体育运动，对身体素质有着显著的锻炼效果，适合各个年龄段的人群参与。羽毛球尤其受到大学生的青睐，校园里很多大学生都会积极参与羽毛球运动。本书基于作者自身作为运动员的学习经历，以及在大学羽毛球公体课和校羽毛球队的教学经验，总结了学习羽毛球的重点和难点，旨在为读者提供通俗易懂的羽毛球相关知识和科学高效的羽毛球练习方法。

　　本书首先介绍了羽毛球的历史、特点和场地器材，简单讲解了羽毛球的规则、礼仪、常用术语和击球技术，然后详细解读了羽毛球基本技术，并提供了多种技术练习方法和练习负荷建议。书中还介绍了羽毛球的战术应用，以及羽毛球专项身体素质训练，并提供羽毛球运动损伤的预防方法和科学的训练与恢复计划。战术和技术练习方法基本上都通过图片或视频加以展示，以便读者更直观地理解和学习。

　　希望本书能够帮助您改进技术，提高练习效率。您可以根据自身的能力水平调节练习的进度，灵活把握练习的难度。通过长期坚持和积累，相信您一定能够在羽毛球技战术上不断精进，获得更强的参与感和体验感，培养受用终身的体育爱好。

方睿健

中国矿业大学（北京）

在线视频访问说明

部分战术和技术练习方法的在线视频可通过如下两种方法获取。

方法一：您可通过微信"扫一扫"，扫描下方的二维码进行观看。

步骤一：点击微信聊天界面右上角的"⊕"，弹出功能菜单。

步骤二：点击功能菜单上的"扫一扫"进入该功能界面。

步骤三：对准右侧的二维码进行扫描。

步骤四：点击"目录"，选择课程观看。

方法二：登录网址 https://mooc1.chaoxing.com/mooc-ans/course/240942540.html，点击"课程章节"选择观看。

目录

第一章
羽毛球简介

羽毛球是一项室内运动项目，比赛在长方形场地上进行，场地中间设有一道球网。运动员在比赛中使用长柄网状球拍击打一种由羽毛和软木制作而成的小型球。比赛的目标是对战双方通过运用技战术在网上连续击球，从而使对方无法有效回击，或者促使对方出现失误，进而取得胜利。

在比赛中，运动员需要具备优秀的技术和运用战术的能力，如准确发球、精准击球、灵活移动以及快速反应的能力。比赛规则要求球在经过球网后，落在对方的场地内，同时运动员要尽量使对方无法成功击球。因此，羽毛球比赛突出了运动员之间的竞技对抗，反映了他们的身体素质和技术水平。

羽毛球不仅是一项竞技性强的运动项目，也是一项普及性高的休闲活动。在业余时间打羽毛球，不仅能够锻炼身体，提高心肺功能和身体协调性，还能够培养团队合作精神和竞争意识。因此，羽毛球作为一项促进人的全面发展的运动，受到了广大群众的欢迎。

第一节　羽毛球的历史及发展

一、羽毛球的历史

相传，羽毛球在 14—15 世纪首次出现在日本。那时，球拍由木头制成，球由粘有羽毛的樱桃核制成。因为球的底座是较重的樱桃核，所以发力让球快速移动，容易损坏粘在球上的羽毛，加之球的制作成本很高，所以这项运动兴起后不久就慢慢消失了。

18 世纪，一种与日本羽毛球极为相似的运动出现在印度。球由直径约 6 厘米的圆形硬纸板制成，中间插入羽毛。它的形制类似于中国的羽毛毽子。球拍是木质的板子。这项运动在印度被称为"浦那"，它要求参与者手持球拍来回击球。

现代羽毛球于 1860 年左右诞生于英国，那时已经出现了由动物羽毛、软木制成的球和穿弦的球拍。1873 年，博福特公爵（Duke of Beaufort）在巴德明顿庄园里打了一场羽毛球。随后这项运动开始流行，巴德明顿（Badminton）成为现代羽毛球的名称。当时的比赛场地呈葫芦形，中间窄、两端宽，窄处挂着一张球网。直到 1901 年，比赛场地才改为长方形。

二、羽毛球的发展

（一）羽毛球在全世界的总体发展

1877 年，第一本羽毛球比赛规则在英国出版。

1893 年，世界上第一个羽毛球协会——英国羽毛球协会成立，它规定了场地要求和运动标准。

1899 年，英国羽毛球协会举办了第 1 届全英羽毛球公开赛，该赛事每年举办一次，沿袭至今。

羽毛球于 20 世纪初传到亚洲、美洲、大洋洲，最后传到非洲。

1934 年，国际羽毛球联合会（IBF，英文全称为 International Badminton Federation，以下简称国际羽联）成立，总部设在伦敦。

1939 年，国际羽联通过了各会员国共同遵守的《羽毛球竞赛规则》。

1920—1940 年，欧美国家的羽毛球发展迅速，其中，英国、丹麦、美国、加拿大等国的羽毛球运动水平已发展到相当高的高度。

20 世纪 50 年代，亚洲羽毛球迅速发展，马来西亚队取得两届汤姆斯杯赛冠军。同时，印度尼西亚队在技术和打法上有所创新，很快取得了世界羽坛的霸主地位。

20 世纪 60 年代以后，羽毛球的发展重心逐渐向亚洲转移。

1981 年 5 月，国际羽联恢复了中国在国际羽联的合法席位，揭开了世界羽坛历史的新篇章，中国队开始在世界羽坛上崭露头角。

羽毛球在 1972 年慕尼黑奥运会上作为表演项目被引入，并在 1992 年巴塞罗那奥运会上作为正式比赛项目被引入，1996 年亚特兰大奥运会增设了羽毛球混合双打项目。从此，羽毛球进入了一个新的发展时期。

2006 年，新的《羽毛球竞赛规则》在试行了三个月后正式实施，并首先应用于当年的汤姆斯杯赛和尤伯杯赛。

（二）羽毛球在中国的发展

1. 20 世纪 50 年代起步

中华人民共和国成立前，少数沿海城市开展了一些羽毛球活动和小型比赛，但活动覆盖范围较小，竞赛水平较低。中华人民共和国成立后，1956 年在天津举行了第一次全国羽毛球比赛，参赛人员来自 11 个城市，有男运动员 49 人、女运动员 29 人。以王文教、陈福寿为代表的一批华侨羽毛球好手，从国外带回了当时先进的羽毛球技术和战术，促进了我国羽毛球的进一步发展。

2. 20 世纪六七十年代突飞猛进

第一届全国运动会后，中国羽毛球运动员在教练员的指导下刻苦训练、勇于创新，在技术打法上创新了平球、劈球、网前球等基本技术动作；在步法上弥补了蹬跨步、垫步、交叉步等基本步法的不足。由此，我国羽毛球向"以我为主、以快为主、以攻为主"的方向迈出了一大步。当时，我国羽毛球队积极出访印度尼西亚、丹麦等国家，学习先进的羽毛球技术，极大地促进了我国羽毛球运动水平的提高。

3. 20 世纪 80 年代异军突起

1981 年 7 月，在美国加利福尼亚州圣克拉拉举行的首届世界运动会的羽毛球比赛中，中国羽毛球运动员在五个小项中获得了四个冠军，夺冠的小项分别是男子单打、女子单打、男子双打和女子双打项目。这是我国羽毛球运动员第一次出现在世界羽毛球比赛中。此后，中国羽毛球男队于 1982 年首次参加汤姆斯杯赛，并击败印度尼西亚队获得了金牌。1984 年，中国羽毛球女队参加尤伯杯赛，夺得了赛事冠军。

1986 年，中国羽毛球队在印度尼西亚首都雅加达夺得汤姆斯杯赛和尤伯杯赛冠军。1987 年，在北京举行的第 5 届世界羽毛球锦标赛上，中国羽毛球队夺得了全部五个项目的冠军，中国羽毛球队创造的佳绩震撼了世界，使我国一跃成为羽毛球强国。

4. 20 世纪 90 年代曲折前行

在羽毛球被列入奥运会正式比赛项目时，中国羽毛球队正处于低谷，很少在世界羽毛球比赛中脱颖而出。出现这种情况并不是因为中国羽毛球队放松训练，而是因为当时世界羽毛球运动的整体水平明显提高，其发展速度远超中国羽毛球队的预期。对此，中国羽毛球队采取了一系列措施。20 世纪 90 年代后期，中国羽毛球呈现出新的发展态势。在 1996 年亚特兰大奥运会上，中国运动员葛菲、顾俊获得羽毛球女子双打的金牌，董炯获得中国羽毛球队在奥运会男子单打项目上的首枚银牌，这标志着中国羽毛球队在奥运会上取得了重要突破。从 1990 年至 1994 年间，中国羽毛球女队连续三次夺得尤伯杯赛冠军，在国际赛场上取得了显著的成绩，这段时间可谓中国羽毛球历史上的辉煌时期，这一成绩也显示了中国羽毛球在世界舞台上的实力和地位。

5. 21 世纪初期名震羽坛

21 世纪初，中国羽毛球队在汤姆斯杯赛、尤伯杯赛和苏迪曼杯赛上都取得了不俗的成绩，连续多次获得赛事冠军。在 2012 年伦敦奥运会上，中国羽毛球队包揽了羽毛球项目下五个单项（男子单打、女子单打、男子双打、女子双打、混合双打）的冠军。在中国羽毛球队不断进步的同时，世界羽毛球运动的整体水平也显著提升。因此，中国羽毛球队需要不断提高技术水平和竞争力，以保持其在世界羽坛上的领先地位。

三、羽毛球赛事

目前，由国际羽联主办的世界重大羽毛球赛事如下。

（一）汤姆斯杯赛

汤姆斯杯赛又称"世界男子羽毛球团体锦标赛"。1948年举行首届比赛，现为两年一届，在偶数年举行。每场比赛由三场单打、两场双打组成，采取五场三胜制。

（二）尤伯杯赛

尤伯杯赛又称"世界女子羽毛球团体锦标赛"。1956年举行首届比赛，现为两年一届，在偶数年举行。每场比赛由三场单打、两场双打组成，采取五场三胜制。

（三）世界羽毛球锦标赛

世界羽毛球锦标赛是由世界羽毛球联合会（BWF，英文全称为 Badminton World Federation，以下简称世界羽联）[1]主办的最高级别的羽毛球比赛之一。这项赛事于1977年开始举办，2006年起通常每年举办一次，但奥运年除外。比赛设男子单打、女子单打、男子双打、女子双打和混合双打五个项目。

（四）苏迪曼杯赛

苏迪曼杯赛又称"世界羽毛球混合团体锦标赛"。1989年举行首届比赛，现为两年一届，在奇数年举行。比赛项目包括男子单打、女子单打、男子双打、女子双打和混合双打，采取五场三胜制。

（五）世界杯羽毛球赛

世界杯羽毛球赛属于邀请性比赛，由国际羽联邀请当年世界排名靠前的运动员参加。这项赛事创办于1981年。

（六）全英羽毛球公开赛

全英羽毛球公开赛由英国羽毛球协会于1899年创办，它是世界上历史最悠久的羽毛球赛事。最初，主要是来自英格兰的运动员参加，现在这项赛事已经成为全球性的羽坛群雄大会战。

---

[1] 1978年，世界羽毛球联合会（BWF）成立；1981年，国际羽毛球联合会（IBF）与其合并，并维持原有名称；2006年，国际羽毛球联合会（IBF）正式更名为世界羽毛球联合会（BWF）。

（七）奥运会羽毛球比赛

羽毛球在进入奥运会的历程中经历了从表演项目到正式比赛项目的转变。在1972年慕尼黑奥运会上，羽毛球首次作为表演项目出现。1985年，国际奥委会宣布羽毛球成为1992年巴塞罗那奥运会的正式比赛项目，当时设有男子单打、女子单打、男子双打和女子双打四个项目。混合双打项目是在1996年亚特兰大奥运会上首次增设的，这使得羽毛球项目的奥运会金牌数增加到了五枚。

（八）世界羽联世界巡回赛总决赛

世界羽联世界巡回赛总决赛由世界羽联主办，其前身为世界大奖赛总决赛。该赛事始于1983年；2007年，赛事更名为世界羽联超级系列赛总决赛；2018年，赛事又更名为世界羽联世界巡回赛总决赛。运动员将根据世界羽联世界巡回赛的成绩积分进行排名，排名前8位的运动员才能进入世界羽联世界巡回赛总决赛进行最终角逐。

第二节　羽毛球的特点和意义

一、羽毛球的特点

（一）娱乐性

羽毛球作为一种娱乐活动，要求参与者在连续击球的过程中，通过不停地跑动和姿势的变化，努力把球击到对方的场地内。参与者在击出一个好球或赢得一回合比赛时，往往能感到兴奋并产生成功的喜悦。同时，球的飞行有快慢、高低、远近等变化，球触碰球拍的力道也有轻重之分，这些都使这项运动充满了趣味。

（二）观赏性

羽毛球技术千变万化使得羽毛球这项运动具有很强的观赏性。例如，参与者快速上网、跳起击球、脊柱后弯杀球、抢扑救球，进攻时势如破竹，防守时固若金汤。这些都展示了羽毛球这项运动的力与美，令人叹为观止。

（三）增强体质

打羽毛球可以全面增强参与者的体质。前后场快速移动击球、中后场强力杀球、移动抢球、双打过程中换位击球，都需要参与者具备良好的身体素质和快速反应能力。杀球对力量素质的要求很高，需要参与者具备较强的手臂力量、核心力量和腿部力量；在竞技双方对峙的过程中，参与者要想获得主动权，需要具备更快的速度、更强的耐力和速度耐力；

在陷入被动局面时，参与者需要具备较好的灵敏素质来反控局面；在双打比赛中，参与者需要具备快速反应能力和准确判断能力。经常打羽毛球，可以增强身体的柔韧性和协调性，提高四肢和躯干的活动能力，改善呼吸系统和心血管系统的功能，提高有氧运动能力和无氧运动能力，调节神经系统的兴奋性，提高参与者耐受乳酸的能力，发挥抗病抗衰、调节精神的作用。

（四）培养意志品质

羽毛球具有较强的竞技性、对抗性，且运动强度较高，除了较好的身体素质，意志品质在羽毛球这项运动中也起着非常重要的作用。羽毛球比赛中经常出现运动员体力不支的情况，表现为上气不接下气、身体虚弱、眼前发黑。尤其是在势均力敌的情况下，比如一个回合出现多拍时，对战双方往往都会体力不支。所以到比赛的关键时期，运动员要靠顽强的意志品质和坚定的信念。即使不参加比赛，从事羽毛球训练也需要参与者具备顽强的意志品质，否则将无法体会锻炼的乐趣。

（五）锻炼心理素质

羽毛球比赛的制胜因素不光是步法和击球技术，弄清楚对手的战术意图、掌握各种战术、针对对手的特点进行战术选择等都对比赛的胜负有着重要影响，所以经常参加羽毛球比赛可以使人的思维更敏捷。同时，由于羽毛球比赛的竞技性和对抗性，参与者的心理素质得到了锻炼。通过频繁参与羽毛球比赛，参与者能树立临危不乱、从容不迫的作风，进而以良好的状态、正确的人生观去面对生活。

二、羽毛球的意义

（一）增加能量消耗

能量消耗总量与打羽毛球的时间之间存在关联。人体在运动中消耗的能量，可以达到静坐时消耗能量的几倍到几十倍。研究表明，长期开展规律的运动可以提高静息状态下的基础代谢率。因此，对打羽毛球的人来说，采取隔天进行的方式并坚持一个小时以上的锻炼是很有益处的。

（二）促进脂肪分解，抑制脂肪合成

脂肪是主要的氧化供能物质，所以在有氧情况下，长时间打羽毛球能够持续消耗脂肪。另外，急性运动还能使胰岛素分泌减少，从而抑制体内脂肪的合成。

（三）减少体脂，改善身体成分

长期打羽毛球，尤其是保持中低强度的运动，可以增加人的瘦体重（瘦体重＝总体重－脂肪重量），很多精英运动员的体脂率低于普通运动员的事实可以证明这一点。如果

进行系统的体育锻炼，瘦体重会增加，但瘦体重的增加量抵消了脂肪重量的减少量，使总体重略有减少或保持不变，从而改善了身体成分（指肌肉与脂肪的比例）。

有研究表明，运动可以提高静息代谢率，有助于调节体重，防止脂肪堆积，避免发胖。需要注意的是，减肥时运动和合理饮食要同步进行。

（四）增强身体素质

年老体弱者可将羽毛球作为一种保健康复的方法。对他们而言，运动量宜小，活动时间在 20 ～ 30 分钟为宜，这有利于锻炼颈椎、舒展关节，还能增强心血管和神经系统的功能。对老年人而言，打羽毛球在一定程度上还能预防心血管和神经系统疾病。

（五）释放压力

羽毛球是一项有助于释放压力的体育活动，它能帮助人们通过锻炼身体、转移注意、进行社交、宣泄情绪、获得成就感，来减轻日常生活和工作中的压力，调节情绪，增强自信，保持身心健康。定期打羽毛球作为一种有效的释放压力的方式，能对个人的生活质量产生积极影响。

第三节　羽毛球的场地与器材

一、羽毛球场地

如图 1-1 所示，羽毛球场地呈长方形，球场长 1340 厘米，单打球场宽 518 厘米，双打球场宽 610 厘米，各个场区用宽 4 厘米的场地线进行划分，所有场地线都是它所确定区域的组成部分，换言之，球头（又称球托）触线即好球。双打边线处的网高为 155 厘米，球网中部上沿距地面的高度为 152.4 厘米，球网的两端与网柱紧密相连，中间不应有缝隙。按照国际比赛规定，整个球场上空空间最低为 9 米，在这个高度以内，不得有任何横梁或其他障碍物。

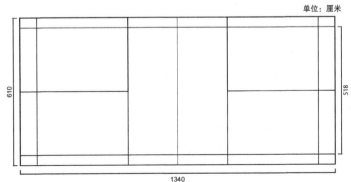

图 1-1　羽毛球场地

二、羽毛球器材

（一）羽毛球

羽毛球的英文名称是 shuttle 或者 shuttlecock。每颗羽毛球都由球头和 16 根羽毛组成，球头的材质为塑料或者软木，羽毛的材质为鹅毛、鸭毛或者塑料。一般情况下，由软木球头和鹅毛组成的羽毛球飞行更加稳定，塑料羽毛球的飞行稳定性和击打感受都没有羽毛材质的羽毛球好，但塑料羽毛球很耐打，能够满足特定人群的需要。

标准的羽毛球重量为 4.74 ~ 5.50 克，这一规定是经过多次试验和修正最终确定的。具体而言，验球时，运动员应在球场底线以外用低手向前上方全力击球，羽毛球的飞行方向应平行于边线，符合标准的羽毛球应落在对方底线前 53 ~ 99 厘米之间的区域内。羽毛球的速度有专门的数值标识（球筒顶盖上会标注），数值越小，则羽毛球的重量越轻，球速越慢，这种羽毛球适用于气温稍高的季节；数值越大，则羽毛球的重量越重，球速越快，这种羽毛球适用于气温较低的季节。表示羽毛球速度从小到大的数值标识（即表示羽毛球重量从轻到重的数值标识）分别为 76、77、78、79 或 1、2、3、4。

用天然羽毛制成的羽毛球容易损坏，用蒸汽熏蒸可以延长羽毛球的使用寿命。

（二）羽毛球拍

羽毛球拍由拍头、拍弦面、拍杆、拍柄以及连接喉（拍框与拍杆的接头）组成，球拍总长不超过 680 毫米，宽度不超过 230 毫米，球拍重量为 95 ~ 120 克。

根据球拍重量，羽毛球拍可分为 U、2U、3U、4U 等型号。U（英文全称为 unit weight）是指单位重量，其数值越高，表示球拍的重量越轻。全碳素球拍的重量大多为 2U（90 ~ 94 克）、3U（85 ~ 89 克）、4U（80 ~ 84 克），而铝框球拍的重量一般在 1U（95 ~ 99 克）以上，少数全碳素球拍的重量低至 5U（80 克）。较重的球拍适合进攻型打法，较轻的球拍适合防守型打法。

根据材质，羽毛球拍可分为铝框球拍和全碳素球拍。目前大多数人使用全碳素球拍。随着科技的发展，羽毛球拍越来越轻，拍杆的弹性越来越好。进攻型运动员可以选择重心靠前、拍头稍重的羽毛球拍，这种球拍惯性更大、击球更有力，但使用的灵活性较差；防守型运动员可以选择重心靠后或者偏中间的羽毛球拍，这种球拍灵活性较好，有利于快速挥拍，但是击球力度较小，不适合重击。

根据拍头形状，羽毛球拍可分为圆形拍头的球拍和方形拍头的球拍。甜区是球拍的有效击球区，一般位于球拍中心稍靠上的位置。在甜区击球，球的威力大，球拍的震感小、控球性好。方形拍头的球拍甜区大，容错率高，对新手更友好。而圆形拍头的球拍拍面小，甜区小，对击球技术有一定要求，新手容易将球打到拍框上。

球拍的保养方法：球拍闲置时，应避免球拍被挤压或者长期在阳光下直晒而变形；拍线断裂后，应及时剪断所有拍线，防止球拍因受力不均匀而变形。

（三）羽毛球拍线

不同的羽毛球拍线在反弹性能、耐力性能、控球性能、击球球感等方面存在差异，运动员应根据个人的打法和需求来选择粗细合适的羽毛球拍线。羽毛球拍线根据粗细程度一般可分为粗线（直径不小于 0.70 毫米）、中等线（直径为 0.66 ~ 0.69 毫米）和细线（直径不大于 0.65 毫米）。较细的羽毛球拍线通常更有弹性，但耐打性不好，而较粗的羽毛球拍线具有更好的耐打性，能使用更长的时间。此外，中等线的声音比较清脆，弹性优于粗线。

第二章
羽毛球基础知识

第一节　羽毛球规则概述

一、分制规则

羽毛球比赛采用单局 21 分、3 局 2 胜制。每个回合中，取胜的一方加 1 分，当双方均为 20 分时，率先领先对方 2 分的一方才能赢得该局比赛。当双方均为 29 分时，先取得 30 分的一方才能赢得该局比赛。一局比赛的获胜方将在下一局比赛中率先发球。

二、赛间休息与换边规则

在一局比赛中，当领先的一方达到 11 分时，双方有 60 秒的休息时间；在每 2 局比赛间，双方有 2 分钟的休息时间。在决胜局中，当领先的一方达到 11 分时，双方交换场地。

三、发球规则

在羽毛球比赛中，一般采用掷硬币或者抛球的方式决定场地或者发球权，专业比赛会使用挑边器，猜中的一方可以先挑选场地或者发球。

无论是单打比赛还是双打比赛，运动员都要按照对角线发球和接球，并且发球者和接球者都要在规定的区域内完成接发球。单打比赛和双打比赛的发球区域、有效区域见图 2-1。此外，发球时发球者的两只脚都必须碰地，不可以踩线。

发球时，球拍和球接触的最高点不能高过发球者的腰部。从 2018 年开始，这一高度被明确规定为 1.15 米，即发球线不超过 1.15 米。

发球者只有一次发球机会，球碰到发球者的球拍或掉在地上均被视为发球结束。

单打比赛的发球规则：在一局比赛开始（比分为0:0）时或发球方的得分为偶数时，发球方在右半场进行发球；当发球方的得分为奇数时，发球方在左半场进行发球；一局比赛的获胜方将在下一局比赛中率先发球。

双打比赛的发球规则：与单打比赛一样，在一局比赛开始（比分为0:0）时或发球方的得分为偶数时，发球方在右半场进行发球；当发球方的得分为奇数时，发球方在左半场进行发球。如果发球方取得1分，那么在下一回合比赛中其将继续发球，且发球者不变；如果接球方取得1分，那么在下一回合比赛中其将变为发球方；当且仅当发球方得分时，即当发球方连续得分时，发球方的两位运动员交换左右半场。

在双打比赛中，比赛规则没有明确规定发球者与接球者的队友所站的位置，队友既可以站在发球者或接球者的同一侧，也可以与之分开各站一侧。

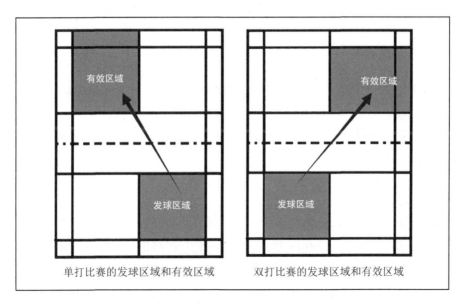

单打比赛的发球区域和有效区域　　双打比赛的发球区域和有效区域

图 2-1　单打比赛和双打比赛的发球区域、有效区域

第二节　羽毛球礼仪

现代羽毛球起源于英国，曾是贵族间流行的运动，因此沿袭了一系列的规则和礼仪。礼仪是羽毛球的重要组成部分，也是羽毛球与其他运动的一个区别。羽毛球也因此被誉为"绅士运动"。

遵守羽毛球礼仪既能规范运动员在赛场上的表现，体现运动员的体育精神和个人素养；又能促进运动员相互尊重，共享运动的快乐；还能展现羽毛球的体育精神和文化内涵。具体而言，羽毛球礼仪包括羽毛球比赛礼仪和羽毛球观赛礼仪。

一、羽毛球比赛礼仪

（1）赛前应在网的上方与对手握手，以示友好和尊重。

（2）比赛结束后，应主动捡起羽毛球交给裁判，并与对手握手，以示感谢。

（3）若球意外击中对手，应举手示意，以示歉意。

（4）避免因争议球而与对手发生争执，应保持冷静并尊重对手。

（5）认真对待每一场比赛，无论对手水平如何，都应给予尊重。

（6）需要换球时，应向对手示意，并礼貌地向裁判提出申请。

（7）对手发球时，应从网的上方将球递给对手；若用发球方式递球，应使用非攻击性动作。

（8）无论比赛结果如何，与对手握手时都应说"打得好"或"谢谢"，以示尊重和感谢。

二、羽毛球观赛礼仪

随着羽毛球的普及，越来越多的球迷选择到现场观看比赛。作为观众，应遵守以下观赛礼仪：

（1）提前入场，尽快就坐，不大声喧哗，保持赛场秩序。拉拉队或助威团应统一着装，听从指挥，遵守秩序。

（2）尊重所有运动员，无论其是哪国国籍。观众应保持公正公平的态度，为双方运动员的精彩表现鼓掌。

（3）控制情绪，尊重运动员的表现，对运动员的失误表示谅解，不发泄不满。

（4）尊重裁判，理解其工作压力，避免因不满判罚结果而起哄或使用过激语言。

（5）文明观赛，注意闪光灯对运动员的影响，并维护场内公共卫生。

（6）比赛结束后，应有序退场，不围堵运动员或扰乱秩序。

遵守这些礼仪，不仅有利于提升自己的形象，也有利于营造一个和谐、愉快的羽毛球运动环境。

第三节　羽毛球常用术语

一、基本术语

（1）持拍手：握持球拍的手。

（2）非持拍手：没有握持球拍的手。在羽毛球训练和比赛中，非持拍手在发球时负责持球和抛球，在击球过程中负责维持身体平衡，以便更有效地击球并使整个动作看起来更加美观。

（3）组合技术：将两个或三个技术名称组合起来表示某次击球时的握拍方式、击球方式和所站位置。如正手杀球、反手挑球、正手推对角、中场正手平抽，等等。

（4）拉开：把球打到对方场区左、右、前、后的不同点上，使对方离开场区中心位置。拉开可分为全场拉开、左右拉开和前后拉开。

（5）重复球：两次或连续数次攻击对方的某个场区或一个场区内的某个点。如重复后场球、重复网前球，等等。

（6）下压：对在前场高于球网上沿和在后场高空下落的来球，用杀、吊、扑等技术还击，迫使对方处于防守的状态。

（7）追身球：趁对方尚未站稳，对准对方的身体发起进攻。

（8）吊上网：吊球后，在对方接吊放网前球时快速上前控制网前，以扑、搓、勾、推等技术创造进攻机会或连续进攻。

（9）杀上网：杀球后，迅速向前移动，封住前场，以扑、搓、勾、推等技术连续进攻。

（10）四方球：将球打在对方场区的四个角上，从而最大限度地调动对方，并伺机进攻。

（11）假动作：所做的身体动作和挥拍动作与达到真实击球意图所要做出的身体动作和挥拍动作在时间、方向等方面存在不一致。做假动作能把真实的击球意图暂时隐藏起来，影响对方的判断。

（12）突击：突然加快移动速度，并以起跳的方法拦截来球进行扣杀，使对方措手不及。

（13）发球：羽毛球的重要技术之一，发球过程不会受到对方干扰，在规则允许的范围内，发球者可以随心所欲地以任意方式将球发到对方有效区域内的任意一点上。此外，采用变化多端的发球技术，常常能起到先发制人、取得主动的作用。因此，发球在比赛中至关重要。

（14）握拍：正确的、灵活多变的握拍方式是击球的基础，它既要有利于手腕的发力，又要能控制击球力量的大小和球的飞行方向。在击球前紧握球拍是错误的，它会使前臂肌群紧张、僵硬，而发力击球要依靠手腕的闪动，握拍太紧会阻碍手腕发力，从而影响击球的效果。

（15）动作的协调性：挥拍击球时要做到全身动作的协调，它不仅关系到击球时的发力，而且能节省体力，这在进行多拍对击的一个回合或一场激烈的比赛中尤为重要。它要求力量传递连贯且恰到好处，爆发力要强，并且动作要简单直接。

（16）拍面的控制：击球时，拍面是控制球的击打力度、角度和球飞行的弧度、方向的重要因素。初学者往往通过直觉来调整拍面，而专业运动员则依据实战经验在击球瞬间通过手腕的内收、外展等动作来控制拍面。控制拍面决定了击出的球能否贴网而过，也决定了球的飞行方向。

（17）击球动作的一致性：为获得更好的战术效果，运动员应尽量保证在后场完成高、吊、杀、劈等技术动作或在网前完成推、扑、搓、勾等技术动作时引拍动作和挥拍前期动作相仿或一致，从而影响对方的判断，起到做假动作的作用。在初学羽毛球时就应该高度重视击球动作的一致性。

（18）步法：根据在场上的移动方向和场区位置，步法可分为上网步法、后退步法、两侧移动步法、前后连贯步法等。具体而言，常用的步法包括垫步、交叉步、小碎步、并步、蹬跨步、蹬转步、腾跳步等。

（19）步法取位：运动员在击球时应根据不同的来球采用不同的步法。例如，针对网前球可以采用正、反手上网步法，针对后场球可以采用正、反手后退步法。

视球与身体之间的距离，运动员还可以在前场、中场和后场选用一步、两步或三步移动步法到位击球。

（20）站位：运动员站在羽毛球场上的位置。

（21）击球：运动员挥拍，使球拍与球相接触。

（22）击球点：运动员挥拍击球时，球拍与球相接触的那一点相对运动员身体的空间位置。

决定击球点具体位置的重要因素如下：一是球拍和球的接触点距地面的高度；二是球拍和球的接触点距身体中心线的前后距离；三是球拍和球的接触点距身体中心线的左右距离。

选择合适的击球点应做到如下两点：一是判断准确；二是步法移动迅速、准确到位。只有做到这两点，才能确保运动员在合适的位置上击球，才有可能产生好的击球效果。

迎击时，切记不可等球飞近身体才打。根据击球点的位置，可以将击球方式分为最高点击球和往前迎球。最高点击球要求运动员抢高点击球。具体而言，上手击球时，手臂要伸直（运动员有时还要跳起击球）；击网前球时，运动员要尽量在网的上方击球。往前迎球要求击球点位于身体的前面，不能紧靠身体或在身体的后面。击中球的瞬间挥拍速度最快，而击球时机不能太早或太迟，应与击球点相协调。

二、击球路线术语

击球路线是指球被运动员击出后在空中运行的轨迹和场地之间的关系。运动员用正手可以击出三条击球路线，分别是直线、对角线和中路。其中，从己方的右侧把球击到对方的左侧（球的飞行路线与边线平行）可称为打直线；从己方的右侧把球击到对方的右侧（球的飞行路线与边线有较大的夹角）可称为打对角线；从己方的右侧把球击到对方的中线（球的飞行路线与边线有较小的夹角）可称为打中路。

羽毛球的基本击球路线总共有五条，即左侧直线、中部直线、右侧直线、右侧斜线（右侧对角线）和左侧斜线（左侧对角线）。击球者有左侧、中部和右侧三种站位，而每个站位可分别击出直线、对角线、中路三条击球路线，由此可派生出九条击球路线，在比赛过程中双方都要尽可能打出多种击球路线。

三、拍面角度与拍面方向术语

（1）拍面角度：拍面与地面所成的角度，包括拍面稍前倾（如抽球时）、拍面前倾（如扑球时）、拍面垂直（如正拍面击球时）、拍面后仰（如搓球时）、拍面稍后仰（如推球时）等。

（2）拍面方向：拍面所朝的方向，包括拍面朝左、拍面朝右和拍面朝前三种。

第四节 羽毛球击球技术概述

一、击球技术的分类

（一）按握拍方式分类

（1）正手击球：采用正手握拍、以正拍面击球被称为正手击球。
（2）反手击球：采用反手握拍、以反拍面击球被称为反手击球。

（二）按击球点分类

根据击球点相对运动员身体的位置，可以对击球技术做以下分类。

（1）击头顶球：采用正手击球的方式回击左肩上方的球（反手区的上手球），称为击头顶球。

（2）击下手球：后场击球时，击球点在运动员的肩部以下，这种击球技术被称为击下手球。

（三）按运动员的站位分类

运动员的站位见图 2-2。根据运动员击球时在场上的站位，可以对击球技术做以下分类。

（1）前场球：在前发球线至球网的区域内击出的球，称为前场球。
（2）后场球：在底线至场内约 1 米距离的区域内击出的球，称为后场球。
（3）中场球：在前、后场之间的区域内击出的球，称为中场球。
（4）左、右场区球：以球场的中线为界，在左、右两个场区内击出的球，称为左、右场区球。

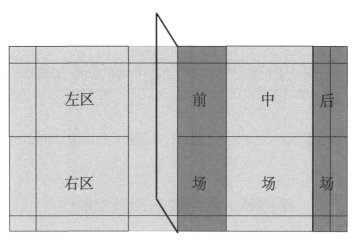

图 2-2　运动员的站位

（四）按球的飞行轨迹分类

根据球的飞行轨迹，可以对击球技术做以下分类。

（1）高远球：从场地一边的后场，将球以较大的弧度击到对方后场的一种技术方法。

（2）平高球：从场地一边的后场，将球以较小的弧度（刚好不让对方在半途拦截到球）击到对方后场的一种技术方法。

（3）平快球：从场地一边的后场，将球以较平的飞行弧线、较快的速度击到对方场的一种技术方法。

（4）扣杀球：从场地一边的中、后场，将球沿直线快速击到对方场区的一种技术方法。

（5）吊球：从场地一边的后场，使球向下坠落至对方近网场区的一种技术方法。

使用这五种击球技术时球的飞行轨迹见图 2-3。

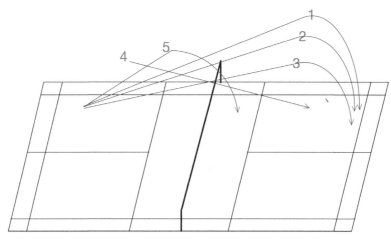

1.高远球；2.平高球；3.平快球；4.扣杀球；5.吊球。

图 2-3　使用不同击球技术时球的飞行轨迹

（五）按击球动作分类

根据击球动作，可以对击球技术做以下分类。

（1）平抽挡：当击球点位于运动员身体的两侧或近身处时，运动员侧身或下蹲，利用前臂、手腕和手指的发力，将对方击来的平球或杀球以较平的飞行弧线、较快的速度和近网的高度，还击到对方场区的一种击球技术。

（2）挑球：将球从前场或中场低于球网处，向上挑起，使其沿较大的弧度落至对方后场的一种击球技术。

（3）推球：在靠近球网上沿的区域，将球以较小的弧度击到对方后场的一种击球技术。

（4）放网前球：用拍面轻击球头的底部，使对方击到本方中、前场的球沿直线越过球网落在对方近网区域的一种击球技术。

（5）搓球：用拍面切击球头，使球产生旋转、翻滚过网的一种击球技术。

（6）勾球：在网前将球沿对角线击到对方网前区域的一种击球技术。

（7）扑球：在近网高处将球沿直线快速向下击到对方场区的一种击球技术。

二、影响击球质量的五大要素

（一）击球力量

击球力量指运动员用球拍击球时球拍对球作用力的大小。在羽毛球中，击球力量将直接影响击球质量。

增强击球力量的方法：（1）增加挥拍的加速距离，如增加引拍的距离。（2）运动员要熟练掌握挥拍动作，在击球时，身体各部位要协调配合。（3）击球前，身体各部位的肌肉尤其是主动肌需要放松并得到适当的拉长，因为当肌肉被牵拉至适宜的初长度时，肌肉收缩产生的力量更大。（4）选择合适的击球点。只有选择好击球点，运动员才能正确完成击球动作，而正确的击球动作是充分发挥击球力量的保证。（5）提高运动员的力量素质，尤其是手腕闪动，前臂、腰部、核心部位旋转和下肢蹬跳等过程中肌肉的发力能力。

（二）击球速度

击球速度指球被球拍击出后在空中飞行的快慢，它可用球被球拍击出后落到对方场区所需时间的长短来衡量。击球力量决定了击球速度。击球力量越大，击球速度就越快。

提高击球速度的方法：（1）要提高击球速度，归根结底是要提高回球速度。运动员不仅要提高回球的"绝对速度"，还要提高回球的"相对速度"，这样才能给对方更强有力的反击，使其防不胜防，陷入被动。提高回球速度的方法主要有三种，一是增加击球力量，并将力量完全用于击球，这样，球向前飞行的速度就会加快；二是控制好拍形角度和拍面方向，从而控制球的飞行路线和落点；三是选择合适的击球点，使运动员正确完成击球动作，充分发挥击球力量。（2）提高速度素质，即提高运动员的反应速度、移动速度和动作速度。其中，反应速度指判断速度；移动速度指步法移动的速度；动作速度指手臂、手腕、手指完成动作的速度，以及前后场技术、正反手技术的连接速度。运动员要将速度训练和力量训练结合起来，努力提高速度素质，这样才能加快击球速度。

（三）球的弧线

弧线曲度的大小、打出距离的长短，都与球的速度有关。只有先解决好与球的弧线有关的问题，运动员才能进行球速和击球准确性等方面的练习。

由于重力作用，羽毛球在被运动员击出、飞往对方场区的过程中总是沿弧线运行，即使是强有力的杀球也不例外。只不过，杀球的飞行路线呈现的弧线曲度较小。我们将羽毛球在飞行中呈现的这种弧线轨迹称作球的弧线。研究球的弧线是为了更好地掌握羽毛球飞行的规律，从而准确判断来球，控制回球，达到争取主动、克敌制胜的目的。

球的弧线包括以下几个方面的内容：一是弧线的长度，它是球飞行时实际轨迹的长度；二是弧线曲度，它是弧线的弯曲程度；三是打出距离，它是弧线投影在地面上所成直线的长度（击球点在地面上的投影至落点的直线距离）；四是球飞行的方向。

在飞行中，羽毛球弧线的特点是刚被击出时球的弧线曲度小，随后球的弧线曲度不断增大，最后羽毛球甚至以自由落体的方式垂直下落。这是羽毛球的材质、本身的特殊形状、空气阻力等因素共同作用的结果。我们必须充分利用这一特殊规律，制造对羽毛球有特殊意义的弧线。

不同的击球技术对弧线有不同的要求，因此我们在制造弧线时一定要考虑击球技术这一重要因素。例如，高远球与吊球对弧线的要求存在差异：高远球要求弧线曲度大，弧线长度长，打出距离远，球朝底线飞；而吊球要求弧线曲度小，弧线长度短，打出距离近，球朝网前飞。

要想沿不同弧线击球，首先，运动员要掌握影响弧线质量的两个主要因素（一是弧线曲度，二是打出距离），并在每一次击球时都有意识地控制弧线曲度和打出距离。其次，运动员要明确各种击球技术对弧线的特殊要求。例如，后场击高远球时球的弧线要高到什么程度，远到什么程度。换言之，后场击高远球要击出多大的弧线曲度，打出多远的距离。又如，后场击平高球时，球的弧线要平到什么程度，打出的距离有多远。最后，运动员要知道控制拍面角度、拍面方向、击球力量和击球角度是控制弧线的关键。从理论上讲，当击球角度为 45 度时，所需的击球力量最小。因此在击球过程中，运动员要随时根据击球角度调整击球力量。而拍面角度决定了击球角度，击球力量决定了球的初速度，因此只有使这几个关键因素协调配合，击出球的弧线才能符合要求。

（四）球的落点

球的落点即球被击出后落到对方场区的着地点。一般来说，球会落到对方场区的前场、中场或后场，而前场、中场、后场分别又可分为左区、中区、右区三个部分，所以球的落点区可以划分为九个区域，它们是羽毛球的基本落点区。在比赛中，运动员只要有意识地控制落点将球击到这九个区域，就达到了技术和战术训练的目的。

控制球的落点是羽毛球训练的一项重要内容。控制球的落点要做到准和活，其中，准指落点准，活指落点多、变化大。能随心所欲地将球击到不同的落点区，甚至能随心所欲地改变球的落点，是运动员取得好成绩的前提。

1. 控制落点的作用

具体来讲，控制球的落点有以下三个方面的作用：

（1）扩大对方的击球范围。如在拉吊打法中，运动员控制落点先左后右、先近网前后近底线，能迫使对方疲于应对，造成对方回球失误或不到位，从而为本方创造得分机会。

（2）利用落点攻击对方的弱点。例如，对方反手弱就专攻其反手，对方网前弱就专攻其网前。

（3）利用落点专攻对方难以回接的地方。一般来讲，运动员在面对追身球、过头球、双打结合部的来球时，回球会较为被动。因此，在相持中寻找机会攻击对方的这些弱点是取得优势的有效方式。

2. 控制落点的注意事项

（1）明确控制落点的目的。只有明确控制落点的目的，运动员才能主动、积极地去练习对落点的控制。

（2）明确影响落点的因素。影响落点的因素有拍面角度、拍面方向、击球力量、击球点和击球角度，且各个要素相互制约、相互影响。例如，拍面角度要根据击球点而定。在网前击球时，如果击球点较高，那么拍面的前倾程度可以加大，击球力量也可以加大；如果击球点较低，那么拍面被迫后仰，击球角度也得随之改变。所以运动员在练习时，要体会不同击球点对拍面角度和击球力量的要求，进行全面练习。

（3）采取死线活练的方式，培养控制落点的意识。运动员在练习时要根据技术要求和战术变化周密地考虑落点、路线、弧线这三个关键因素之间的关系，在提高控制落点的能力的同时，提高战术意识。

（五）击球动作的一致性

不同的击球技术由不同的动作组合而成，但部分击球技术的动作有相似之处。运动员在击球的过程中，使这些动作尽量相似的做法，就叫作击球动作的一致性。击球动作的一致性可以干扰对方对落点的判断，造成其回球质量不高。例如，网前的搓、推、勾三项技术，在引拍和挥拍时动作是一致的，运动员可在球拍触球的瞬间突然改变拍面角度和拍面方向，从而击出不同的球。这样，对方在球拍触球前很难判断球的弧线和落点，只有当球被击出后，对方才能做出判断，这增加了对方判断来球并做出正确反应的难度，进而影响了回球的质量。因此，无论是使用前场技术、中场技术，还是使用后场技术，运动员都要追求击球动作的一致性，这样才能击出高质量的球。

以上五大要素是相互依存、相互制约、缺一不可的。但这五大要素和击球命中率之间存在矛盾关系，在提高击球力量、击球速度，改善球的弧线、落点，增强击球动作的一致性的同时，击球命中率会相应地降低。因此，在训练中运动员真正需要解决的是击球质量和击球命中率的矛盾关系。只有做到击球质量和击球命中率的矛盾统一，即击球质量高（包括击球力量大、击球速度快、弧线变化大、落点刁、动作隐蔽）且击球命中率高，才能真正达到训练目的。

三、击球的基本环节

在羽毛球比赛中，运动员的每次击球都从站位、准备开始，并经过判断对方来球的路线和落点、反应启动、移动到击球位置击球、做下一次的击球准备，构成一个完整的循环过程。击球的基本环节包括站位和准备、判断和启动、移动和引拍、到位击球和回位准备。在比赛的对击中，双方都按此程序击球，周而复始，直至出现死球。击球的基本环节有时比较明显。例如，双方都在高吊打四方球时，球的飞行路线长，球速慢，击球后双方都有回位、跑动的动作。但在双方快速地来回击球时，击球的基本环节往往就没有那么明显，此时，击球时间很短，运动员的移动距离也很短。

（一）站位和准备

在每个回合中，运动员在本方场区选择合适的接发球位置时，都要确保能最大限度地顾及自己的场区，迅速到位击球。接球运动员的准备姿势要有利于迅速启动。一般情况下，在发球运动员发球前，接球运动员的两脚要左右开立、前后错开，膝关节略微弯曲，身体重心落于前脚掌并在两脚间交替移动，即身体重心不要同时压在两只脚上或一直压在某一只脚上，以便快速启动。持拍手应放在胸前，拍头向上，为击打上手球、下手球和正手球、反手球做好准备。

1. 中心位置站位的准备姿势

两脚左右开立，持拍手同侧脚稍前，两脚脚跟微提，两膝稍屈。上体稍向前倾，身体重心落于两脚的连线上。持拍手对侧的手臂稍屈，自然垂于体侧。持拍手同侧手臂屈肘、展腕，拍杆平行于地面或拍头稍向上仰、稍向里靠。

两脚左右分开的距离、两脚前后相错的距离、身体重心的高低，均根据个人特点或习惯而定。但是，当准备接杀球时，运动员应采用宽站位和低重心的准备姿势。

2. 近网站位的准备姿势

摆出准备姿势时身体重心抬高，此时，球拍应随之被举高。

3. 双打还击时前后站位的准备姿势

根据攻防形势、双方站位及战术需要，运动员应采取有利于其移动和还击的准备姿势。

处于进攻状态时，运动员应采取高重心的准备姿势，即两脚左右开立，站位靠前，球拍高举，以便封网。

处于防守状态时，运动员若采取半蹲平抽的防守手段，则站位应稍靠前（即在前发球线后方），采用低重心、两脚左右开立的准备姿势，将球拍举起，准备反抽对方的杀球。若采用一般防守手段，则站位应稍靠后，身体重心要稍高些，两脚左右开立，且其中一只脚要稍靠前。接斜线来球时，运动员要面对来球方向斜站；接直线来球时，持拍手同侧的脚要稍靠前。持拍动作应由个人根据战术需要而定。

（二）判断和启动

运动员在站位、准备时，应根据对方的战术意图、击球规律、技术特点、场上局势和对方的击球动作等，做出预测判断，估计对方将击来什么球。此时，运动员须集中注意力，将身体重心移向自己判断的来球方向，但眼睛仍要密切观察对方的击球动作；如果对方击球的方向与自己的判断完全一致，就可以在移动身体重心的基础上迅速启动；如果对方击球的方向与自己的判断不一致，就必须迅速调整身体重心再启动。因此，判断、启动会产生两种情况：一是判断正确，运动员可迅速启动，争得主动；二是判断错误，运动员可调整好重心再次启动，但这往往会使运动员陷入被动、接不到球。

（三）移动和引拍

快速移动、及早到位是运动员在羽毛球比赛中争取主动击球的基础。羽毛球步法移动的方向包括前后和左右，准备姿势有高重心、低重心之分。运动员移动时经常需要启动、制动、变向，在跑动中运动员既要能快速移动，又要能很好地控制身体重心，并在跑动过程中完成击球动作的引拍准备，这是快速回击的前提。引拍是击球前的挥拍动作，其目的在于使球拍在击球前有一段加速的空间和时间，从而在击球时获得较大的速度。

（四）到位击球和回位准备

运动员跑动到位后，按自己的战术意图，把球击到对方场区。这时，运动员要注意击球的最后一步，即控制好身体重心，脚与持拍手向同一方向移动，脚着地时要有缓冲，击球后手臂要立即自然放松，恢复持拍姿势，放于胸前，积极做好迎击下一球的准备。此时，运动员不一定要迅速回到场地的中心位置，而应根据球的落点、击球质量、对方的战术意图和技术特点等来选择合适的准备位置。这个位置可偏左、偏右或近网前。例如，当处于被动局面时，运动员挑出一个高弧线的底线球，就能给自己预留回到场区中心做准备的时间。

四、击球动作的基本结构

根据羽毛球击球技术的基本规律，可以把击球动作从功能上分解为准备动作（准备姿势）、引拍动作、挥拍击球动作、随前动作四个部分。

（一）准备动作（准备姿势）

通常，击球的准备姿势是持拍手置于胸前，肘关节稍稍弯曲，拍头向上，这便于运动员接任何位置的来球。在双打比赛中，站位相对靠前的运动员应把球拍举得更高，以便在高处拦网、封堵。在任何情况下，运动员都要尽量避免持拍手垂直向下。同时，击球时运动员要有强烈的抢高点意识，尽量采取快打、高打战术，因为击球点越高，运动员越容易取得主动进攻的优势。

（二）引拍动作

击球的第一个动作是引拍动作，其动作方向与挥拍击球动作的方向相反，引拍动作与挥拍动作之间可以停顿。击球时的引拍动作不仅为下一步的挥拍动作做了准备，同时也为整个击球过程做了势能积累，如在后场上手击球的引拍动作中，身体右转、侧身对网、身体重心落于后脚、肘关节弯曲、肩关节外展等都能增加挥拍的距离。要注意的是，引拍动作是击球运动员在移动过程中完成的，并非在移动结束后才开始的。击球运动员在从中场退到后场击上手高球时，往往要在后退的第一步就把球拍举起，做好引拍动作，如果退到后场击球位置时才引拍，那么击球运动员面对速度较快的来球就会准备不充分，导致击球时出手较慢。

（三）挥拍击球动作

引拍后，身体重心向前移动，以增加向前挥拍的力量，此时是挥拍击球动作的开始。挥拍击球是一个连贯、协调的动作过程，能通过转腰、顶髋把力量传递到上肢（挥拍后做假动作时的停顿除外）。挥拍击球动作是各肌群（原动肌、对抗肌）协调配合的结果，鞭击动作是增加挥拍力量的关键。一般情况下，击球运动员在击中球时要自然伸直手臂，这是为了争取更高的击球点，以便占据主动、快速回击，发挥更大的挥拍力量。击球运动员应根据战术要求，通过控制挥拍速度、击中球时的拍面角度，使击出的球以不同的飞行弧线落到对方场区的某个区域。

（四）随前动作

球拍击中羽毛球意味着一个击球过程告一段落，击球运动员需恢复准备姿势，迎击下一球。

第三章
羽毛球基本技术

第一节　握拍

握拍是羽毛球最为基础的技术动作，也被认为是羽毛球最为细腻的技术动作。初学者必须在掌握好规范的握拍技术的基础上继续深入学习其他技术动作。

掌握规范的握拍技术是初学者提高技术水平的根本，与其他技术动作的学习、应用有着紧密的联系。选择正确的握拍方式，可以使击球动作更自然、漂亮，当然更重要的是可以有效避免运动损伤。下文将以右手持拍为例，介绍正手握拍、反手握拍、准备姿势、颠球训练和常见错误等内容。

一、正手握拍

握拍前，初学者先用左手拿着拍杆，使拍头朝上，拍杆与地面垂直，将持拍手的虎口对准拍柄内侧的棱，拇指和食指内侧紧贴拍柄的宽面，中指、无名指、小指依次握住拍柄，虎口和拍柄间留有空隙，食指和中指稍分开。掌心和拍柄间留有一定的空隙。击球前，握拍要放松、自然，以便正、反手轻松切换，只有在发力击球的瞬间才需要握紧球拍。正手握拍见图3-1。

图 3-1　正手握拍

注意点：

（1）正手握拍的时候，拇指要斜着贴在拍柄的宽面上，而不是完全贴合拍柄，否则不利于正手的发力和握拍方式的灵活切换。

（2）在单打比赛中，为了获得更高的击球点，拍柄底部一般要紧贴手掌根部。握好球拍后，观察手掌是否与拍面平行。

（3）在学会正手握拍后，可以试着将拍面朝前，通过手腕的外展和内收发力。初学者可能不习惯这种发力方式，应多练习以适应这种感觉。

（4）手腕动作包括外展、内收、屈腕、伸腕、绕环。

（5）前臂动作包括内旋、外旋、屈臂、伸臂、绕环。

二、反手握拍

反手握拍是羽毛球基本握拍方式之一，通常在身体左侧方来球时采用。反手握拍是在正手握拍的基础上，将拇指上移，食指向中指收拢，拇指顶在拍柄宽面或者侧棱上。

不同的反手握拍方式如下。

（1）反手第一种握拍方式（图 3-2、图 3-3）类似于给别人点赞的手势，即拇指贴在拍柄与拍面平行的那个面上，其余四根手指放松，握住拍柄，掌心和拍柄间应尽量留有足够的空隙，以便充分利用手指、手腕的局部力量及拇指发力对球进行快速击打。这种类似点赞的反手握拍方式能为反手击球提供额外的力量，可在挑球、挡网、反手抽球等击球技术中使用。

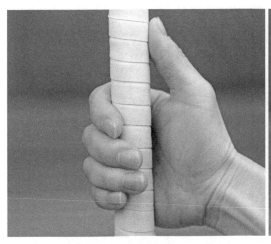

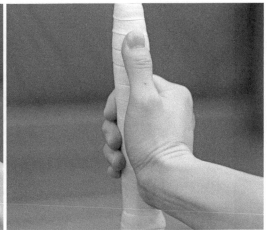

图 3-2 反手第一种握拍方式（正面）　　　　图 3-3 反手第一种握拍方式（侧面）

（2）反手第二种握拍方式（图 3-4）是拇指放在拍柄的内侧棱上，它可用于需要灵活运用手指捻转发力的反手网前技术，例如推球、勾球、放网前球等。

（3）反手第三种握拍方式（图 3-5）是拇指放在拍柄的外侧棱上，利用手指的捻转发力，可以减轻握拍手臂的肘部、腕部和手部的压力，增加反手击球的力量，使击球更为轻松。这种握拍方式一般可用于反手低手位勾球、发反手高远球等。

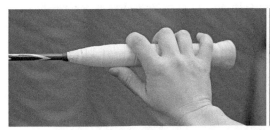

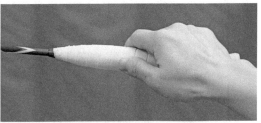

图 3-4 反手第二种握拍方式　　　　　图 3-5 反手第三种握拍方式

在学会反手握拍后，可以自行尝试利用拇指的前顶发力和其他手指的屈指发力，使击球更有力量。

三、准备姿势

（一）一般站位的准备姿势

一般站位的准备姿势（图 3-6、图 3-7）是左脚在后，右脚在前，且右脚超过左脚约半只脚的距离，脚跟微微抬起。双脚开立略宽于肩，重心压低。抬肘，拍头与眉同高，球拍前伸，左、右手保持平衡，做好接球准备。

图 3-6 一般站位的准备姿势（正面）　　图 3-7 一般站位的准备姿势（侧面）

（二）接发球的准备姿势

单打接发球的准备姿势（图 3-8、图 3-9）通常是左脚在前，右脚在后，重心落于前脚，膝关节微屈，后脚脚跟稍提起，收腹含胸，拍头上举过头，观察对方的发球动作。双打接发球的准备姿势与单打接发球的准备姿势基本相同，只是膝关节的屈曲角度更大。

图 3-8 单打接发球的准备姿势（正面）　　图 3-9 单打接发球的准备姿势（侧面）

四、颠球训练

颠球训练是一种用于熟练握拍、增强球感的辅助训练方法，初学者可以通过颠球训练体会羽毛球的空间感、速度感，还可以通过拍面变化和发力控制熟悉球性。

（一）正手颠球

采取正手握拍，用正拍面向上击打球头，击球时要注意控制击球力度和拍面角度。当熟练掌握正手颠球后，再练习反手颠球。

（二）反手颠球

采取反手握拍，用正拍面向上击打球头。训练中，应先用前臂发力来控球，之后尝试用手腕发力来控球。用手腕发力来控球对初学者来说比较困难，他们容易将球击飞，需要反复多次练习才能掌握。

（三）升级难度

在熟练掌握正手颠球和反手颠球后，可提高训练难度，通过正、反手交换颠球来练习正、反手握拍的转换。

（四）趣味颠球训练

在熟练掌握正、反手交换颠球后，可增加用脚踢球的动作，从而锻炼手脚协同配合的能力，增强颠球训练的趣味性。

（五）正、反手发力

使用正、反手握拍分别发力将球击出，练习正手握拍和反手握拍时手指、手腕和前臂的发力，掌握正确的发力方法。

五、常见错误

绝大多数初学者在开始打球时，往往会根据个人喜好和习惯握拍，这是错误的开始，因为错误的握拍方式会导致错误的发力，进而增加运动损伤的发生概率，比如出现关节痛、网球肘（肱骨外上髁炎）、手腕肌腱炎等。

（1）在错误的技术动作里，握拍错误往往是最先出现的，大多数初学者往往是怎么舒服怎么来，这就形成了"菜刀式"握拍法，或者反手击球时却采用了正手握拍的方式。"菜刀式"握拍法，顾名思义，就像是握菜刀一样，虎口对准拍柄窄面，手指抓紧拍柄。采取这种握拍法的人往往认为大力出奇迹。这些错误的握拍方式会产生两种不良后果：一是发力的效果不好；二是容易造成运动损伤。

（2）初学者正手握拍时喜欢将食指完全贴在拍柄的宽面上辅助发力，短时间内这能使他更好地感知拍面变化对发球效果的影响，但长此以往，这会影响他对前臂发力的学习，甚至容易伤到手指。

第二节　发球

发球是羽毛球的基本技术之一，是羽毛球战术安排的重要方面。高质量的发球能够起到先发制人、避免被动的作用。发球有两种分类方式：一是根据发球姿势，可以分为正手发球和反手发球；二是根据发球距离和球的飞行轨迹，可以分为发高远球、平高球、平快球以及网前球。高质量的发球可以限制对方的进攻，为下一拍创造机会。正手发球是指用正手握拍把球发出去的一种发球方法，适用于发高远球、平高球、平快球和网前球。反手发球则是在正手发球的基础上采用反手握拍的一种发球方法，它适用于发网前球、平高球。发各种球的准备姿势和起始动作要有一致性，以干扰对方的预判。

发球质量通常反映在准确与变化这两个方面：（1）准确是指球的飞行弧线、落点以及运动员对对方接发球意图的判断等方面的准确性；（2）变化是指发球的节奏、方法、球的飞行弧线和落点等方面的变化。

一、正手发球

（一）正手发高远球

高远球飞得又高又远，下落时其飞行轨迹基本与地面垂直，球的落点在对方场区的底线附近。

正手发高远球的动作要领如下。

（1）准备姿势：侧对球网，双脚成丁字步，即左脚尖对着球网，右脚尖对着边线，两脚相距一只脚的距离，身体重心落于右脚，右手握拍，持拍手同侧手臂在身体后侧自然屈肘，左手在胸前偏右的位置（图3-10、图3-11）。准备发高远球的时候，运动员应站在距离前发球线1米左右（距离可根据击球速度和击球力量进行调整）、靠近发球区域中线的位置。

（2）引拍动作：在准备姿势的基础上，持拍手展腕伸臂，引拍至整个身体平面稍靠前处，身体重心从右脚过渡到双脚之间再快速落于左脚，右脚用力蹬转，带动腰、髋转动，右脚脚跟跷起（图3-12、图3-13），同时，右上臂带动右前臂，右前臂带动右手腕，向体前并向左肩方向挥动。

图 3-10 正手发高远球的准备姿势（正面） 图 3-11 正手发高远球的准备姿势（侧面）

图 3-12 正手发高远球的引拍动作（正面） 图 3-13 正手发高远球的引拍动作（侧面）

（3）击球：当挥拍至身体右前下方时，球拍所在的位置是击球点的位置，球拍触球的瞬间，运动员的手臂应迅速内旋，带动手腕向前上方击球。注意，应用正拍面击球，挥拍的力量应传递到击球的拍面上。

（4）收拍动作：右手随惯性将球拍收至左肩上方（图 3-14、图 3-15）。

图3-14　正手发高远球的收拍动作（正面）　图3-15　正手发高远球的收拍动作（侧面）

正手发高远球时易出现的错误如下。

（1）身体重心没有发生移动。

后果：发球时身体重心没有发生移动，可能导致发球力量不足。

纠正方法：在发球前，重心应放在后方脚（右手持拍时后方脚是右脚）上；在击球瞬间，运动员应通过重心前移来增强发球力量。

（2）身体在转动的过程中没有发力。

后果：发球时身体在转动的过程中没有发力，会影响发球的速度和稳定性。

纠正方法：练习时，注意从腰部开始转动身体，利用身体的转动带动手臂发力，增强发球力量。

（3）击球时拍面不正。

后果：拍面不正会导致球的飞行方向和弧线不稳定。

纠正方法：在击球前，确保拍面正对来球，运动员可以通过对着镜子练习或录像分析来检查和调整拍面角度。

（4）球拍没有随惯性收至左肩上方。

后果：球拍没有随惯性收至左肩上方，可能导致发球动作不完整，影响发球质量。

纠正方法：在发球后让球拍随着惯性自然挥动到左肩上方，并多次重复该练习，这样可以有效地将身体的动能转化为球拍的动能，从而提高发球的速度。

（5）击球点过高或不在身体的前方。

后果：击球点过高或不在身体的前方，会影响发球的力度和准确性。

纠正方法：调整站位和击球时机，确保击球点在身体前方且高度低于1.15米，这样可以更好地控制球的飞行轨迹。

当感觉动作有问题，但又找不到解决问题的关键时，建议运动员开展以下练习。

（1）视频分析：录制自己的发球动作，通过慢动作回放来分析和找出问题。

（2）专业指导：向老师、教练员寻求帮助，请他们提供更专业的指导意见。

（3）持续练习：在学习正确的发球动作后，通过反复挥拍和击球来强化肌肉记忆，形成正确的发球动作习惯。

（4）力量训练：加强腰部和腿部的力量训练，以提高发球时的身体转动能力和重心移动能力。

通过这些方法，运动员可以逐步纠正正手发高远球时的常见错误，提高发球的质量和稳定性。需要注意的是，以上方法也可用于发现和纠正其他技术动作问题，提高击球稳定性。

（二）正手发平高球

正手发平高球的动作要领：发球前的准备姿势与正手发高远球的准备姿势类似（注意击球动作的一致性）。做随前动作时，球拍不必向左肩上方挥动，可以在击到球后制动，收拍的位置不必那么高，球拍可以收在胸前或者左上臂处。

正手发平高球的关键是调整发球的力度和角度。要注意，球的飞行弧线与地面所成角大约为45度，球的飞行高度以对方接球时伸拍打不着球的高度为宜，并且球的落点应在对方场区的底线附近。

（三）正手发平快球

平快球是一种比高远球低、速度较快、具有一定攻击性的球。观察其飞行弧线可知，平快球几乎是擦网而过，落点在对方的后场。

正手发平快球的动作要领：发球时的站位比正手发高远球的站位稍微靠后，这样运动员可以大胆发力击球。其准备姿势、引拍动作、挥拍击球动作与正手发高远球基本一致，只是在挥拍击球的瞬间，前臂的内旋动作不明显。挥拍路线不是向上而是向前的，依靠手腕向左前方快速挥动来发力击球，拍面会产生向左侧切击的挥拍轨迹。球拍应收至身体左前方。

（四）正手发网前球

正手发网前球是指用正手握拍以正拍面击球，使球几乎擦网而过，落在对方前发球线附近的发球方法。采用这种发球方法发出的球弧线曲度小、飞行距离短，可以有效地限制对方直接进行强有力的进攻。因此，这种发球方法在单、双打比赛中较为常用。运动员在正手发网前球时要注意挥拍的幅度和力量的控制。

正手发网前球的动作要领：上臂紧贴身体，前臂外旋，身体重心移到前脚，转髋，前臂内旋，将球往前方击出，发网前球。由于球的飞行距离短，所以在击球的瞬间不需要强大的爆发力。球拍触球后从右向左斜切击球，注意控制好球飞行过网的弧线及落点，随前动作的幅度不用太大，球拍收至胸前即可。

二、反手发球

反手发球由于动作幅度小、隐蔽性高，在双打比赛中的运用较为频繁，现在的单打比赛尤其是男子单打比赛中也多运用反手发球。反手发球时，运动员应站在靠近中线、距前发球线较近的位置上，右手持拍，右脚在前，预留足够的引拍距离。

（一）反手发网前球

反手发网前球是指用反手握拍击球，使球落在对方前发球线附近的发球方法。反手发网前球的准备姿势见图3-16、图3-17。其动作要领：面向球网，右脚在前，身体略向前倾，右手反手握拍，左手拇指和食指捏住球的羽毛部分，球头朝向拍面，置于球拍前。

挥拍击球时，球拍微向后摆，随后迅速向前击球。前臂和手腕向斜上方推送，利用手腕和拇指的力量，以正拍面击球，并注意击球的角度和力度。对初学者而言，用手腕发力控制击球的难度较大，可以用前臂发力直接将球推出。

击球时，按照规则要求，即在球与球拍的接触点距地面不超过1.15米、拍头的最高点不超过持拍手手腕关节弯曲处的限度内，运动员应尽可能提高击球点，使球过网的弧线曲度尽可能小。

图3-16 反手发网前球的准备姿势（正面） 图3-17 反手发网前球的准备姿势（侧面）

（二）反手发平高球

反手发平高球的准备姿势和反手发网前球基本一致，但平高球的落点在对方后场的底线附近。

反手发平高球的动作要领：其准备姿势和反手发网前球基本一样，发力时手腕带动拇指迅速向前顶出，将球快速击出，这样才能产生出其不意的击球效果。击球时，在规则允许的范围内，运动员应尽可能提高击球点，使球贴网飞行。

第三节　接发球

接发球者其实更占优势，这是因为发球的路线必须是对角线，所以接发球者只需在对角线区域进行防守即可。而且，接球后的回球落点可以是对方整个场区内的任意位置，这有利于转守为攻。

但初学者在处理接发球时往往比较随意，尤其是在双打比赛中，他们倾向于挑后场球，这样就容易陷入被动的局面。

接发球的姿势：球拍向前上方举起，左脚在前，右脚脚跟离地，身体成半蹲姿势，重心放低，落于两脚之间。下文将分别介绍单、双打比赛的接发球技术要点。

一、单打比赛的接发球技术要点

在单打比赛中，接发球是非常重要的环节，它直接关系到运动员能否取得比赛的主动权。以下是单打比赛接发球的技术要点。

（一）准备姿势

双脚开立与肩同宽，膝关节微屈，身体重心降低且保持稳定。球拍放在身体前方，做好随时击球的准备。在单打比赛中，接发球者应该站在场地中央稍微偏后的位置，这有利于使防守区域覆盖整个场地，尤其是在处理对方的对角线球方面很有帮助。

（二）观察对方

接发球者应注意对方的发球动作和球的飞行轨迹，预判球的落点。

（三）调整步法

接发球者应根据球的落点，迅速调整步法，确保在最佳位置上接球。接发球时步伐要轻快，避免大幅度的跳跃或移动。

（四）握拍方式

接发球者应根据来球的类型（如高远球、网前球等）选择合适的握拍方式。此外，应根据预判的落点在正手位还是反手位，迅速调整正、反手握拍方式。

（五）击球时机

通常，接发球者在球下落的过程中选择合适的时机击球，可以更好地控制击球方向和击球力量。接网前球时，注意要准确击到球头。

（六）接发球策略

接发球者应根据对方的发球风格、站位和技术弱点，灵活调整自己的接发球策略，选择合适的回球路线，如可以尝试打对角线球、直线球或者网前球，并不断变化球路来回击，以打乱对方的节奏。

二、双打比赛的接发球技术要点

在双打比赛中，接发球也是非常重要的一环，它直接关系到运动员能否取得比赛的主动权。以下是双打比赛接发球的技术要点。

（一）站位

接发球者通常会站在靠近发球线偏自己反手区域的位置，这样既方便自己保护反手区域，又方便自己在正手区域进行进攻和防守。专业运动员可能会选择更靠前的站位，以便快速抢攻和下压。

（二）观察对方

接发球者应注意对方的发球动作和球的飞行轨迹，预判球的落点，并提前想好针对不同落点的回击方式。

（三）握拍方式

接发球者应根据接发球的类型选择合适的握拍方式。

（四）接发球策略

接发球的节奏和落点要不断变换，以干扰对方的判断。接发球时，尽量用放网、软挡、"拨中腰"（放中腰偏边线球）、平推等主动的方式处理球，逼对方被动挑球。

（五）防守准备

在双打比赛的发接发中，尽量不挑球，因为挑高球容易给对方创造进攻机会，使自身失去主动权。如果不得不挑球，那么运动员应该挑高远球，以争取更多时间做好防守准备。

（六）体能管理

当体能下降时，运动员应集中精力抢接发，力争快速结束比赛，节省体能。

（七）沟通与配合

在双打比赛的发接发中，接发球者应与队友保持良好的沟通，及时调整站位和策略，以应对对方策略的变化。

无论是单打比赛接发球还是双打比赛接发球，技术水平的提高都需要接发球者不断练习，并积累实战经验。

第四节　后场技术

一、高远球

高远球是羽毛球技术中最为基础和重要的技术，它是从己方后场将球还击到对方后场的一种技术。高远球的飞行轨迹是一条又高又远的抛物线，所以它不易被对方拦截。同时，它能够迫使对方远离场地中心位置退到底线附近击球，从而降低对方击球的攻击性，充分调动对手跑位。在己方处于被动局面时，也可以利用高远球飞行时间较长的特点争取调整时间，扭转被动的局面。

羽毛球竞赛双方的对抗，最初是比拼后场，先有后场对抗才有网前对抗。从这个意义上说，高远球可以充分体现运动员的羽毛球水平，凭借高远球可以判断一位运动员是初学者水平还是业余水平，如果不能将球从一端的底线击打到另一端的底线，那么比赛就会变得很简单。此外，高远球是后场吊球、杀球动作的基础，保证后场技术动作的一致性就要基于这项技术。练好高远球，也是在为以后练习其他技术打基础。

（一）正手高远球

初学正手高远球时运动员需要充分掌握动作的细节，反复练习挥拍动作，让肌肉形成正确的肌肉记忆。运动员可以先进行以下4个动作的分解练习，再逐步合并成完整的动作练习。注意，正手高远球的击球点在身体右侧、头顶上方。

（1）准备姿势（图3-18、图3-19）：侧对球网，左脚在前，右脚在后，身体重心落于右脚，左脚踮起，两脚开立与髋同宽，两手分开略宽于肩，正手握拍，拍面对网，左手抬高，目光直视来球。

（2）转体倒拍（图3-20、图3-21）：身体重心由右脚过渡到左脚，同时转髋使上身面向球网，持拍手上臂随着身体左转，肘关节抬高，上臂、脊柱和右腿形成一条弧线，这样能更好地发挥全身的力量。

（3）发力击球（图3-22、图3-23）：上臂带动前臂内旋发力，将球拍挥出。注意，在最高点击球时拍面向前，在击中球后将球拍向前送出，前臂继续内旋。

图 3-18　正手高远球的准备姿势（正面）　图 3-19　正手高远球的准备姿势（侧面）

图 3-20　转体倒拍（正面）　　　　图 3-21　转体倒拍（侧面）

（4）收拍随挥：身体随惯性向左转，身体重心前移。右手向左下方挥拍至身体左侧，见图 3-24、图 3-25。球拍减速后顺势收回至体前，还原成准备姿势。

在能够熟练、连贯地完成以上 4 个动作的基础上，运动员可以尝试做完整的跳转动作（图 3-26），即用右脚蹬地发力起跳，随即在空中转体并完成引拍、击球动作。击球应在空中的最高点完成，在空中交换左右脚的位置有助于发力，收拍时身体下落。

图 3-22　发力击球（正面）　　　　图 3-23　发力击球（侧面）

图 3-24　收拍随挥（正面）　　　　图 3-25　收拍随挥（侧面）

图 3-26　完整的跳转动作

初学者打正手高远球时的注意事项如下。

（1）手臂自然伸直即可，不要为追求高点而伸得太直，否则容易引起肩部拉伤。

（2）转体倒拍时肘关节自然抬高，前臂放松，拍头向后倒至身后，不要刻意顶肘，否则容易使动作变得僵硬。

（3）最佳击球点在身体的前上方，运动员在这个位置上击球更容易发挥最大力量。注意上臂不要靠外、手腕不要后伸，这两种姿势均不利于发力。此外，手腕不要外展，这不利于前臂发力。

（4）击球后手臂的随挥动作和右脚的随前动作都是自然发生的。右脚蹬地自然随前，不依靠左脚发力。

（二）头顶区高远球

头顶区高远球的击球点偏向身体左侧、肩膀上方。其整体动作和正手高远球差不多，但二者的击球点和动作幅度不同。准备击球时，身体向左侧倾斜，侧身幅度较大；击球时，肘关节抬高，上臂带动前臂旋转发力，球拍从身体左上方划过；收拍时右脚蹬地，腹肌发力，这样收拍动作会更完整。

（三）平高球

　　和高远球相比，平高球的弧线曲度更小、速度更快，飞行轨迹多以直线为主，具有攻击性，一般用于主动进攻。在打对角线的过程中，一旦平高球被对方拦截，就会导致下一拍处于被动的局面。

　　打平高球的动作姿势与打正手高远球基本相同，不过，打平高球时动作幅度更小、挥拍速度更快。

（四）反手高远球

　　对在本方左后场上空的来球，运动员用反手握拍进行回击，击出高远球，该过程称为击反手高远球。

　　（1）准备姿势（图3-27）：双脚开立略宽于肩，右脚稍微靠前，膝关节微屈，眼睛盯住来球。

　　（2）引拍动作（图3-28）：右脚向左后场跨出一步，同时身体转向左侧，反手握拍，拇指放在拍柄靠近拇指的棱上，前臂和肘关节上举，引拍高度要高于肩部或者与肩部平行，拍头向下，手腕内收，准备发力。

　　（3）击球动作（图3-29）：前臂向前上方挥动，随着前臂外旋，手腕由内收转变为外展状态，并快速击球，击球瞬间手指握紧拍柄，拇指捻动，发力击球，击球点在右肩上方。

　　（4）随前动作：击球后手臂放松收力，身体随惯性转动，面向球网，见图3-30。右手持拍自然下落，回至胸前。

图 3-27　反手高远球的准备姿势　　　　图 3-28　反手高远球的引拍动作

图 3-29 反手高远球的击球动作　　　图 3-30 反手高远球的随前动作

（五）高远球的训练方法

1. 正手高远球的训练方法

（1）充分理解正手高远球的动作要领，体会前臂内旋发力，进行前臂内旋发力击球练习；在原地进行高远球起跳转体挥拍练习，即运动员在原地反复起跳，并借助腰腹力量转体完成挥拍动作。此外，运动员可以在场地内进行徒手步法训练，当熟练掌握步法后，再加上起跳挥拍动作进行步法训练。

（2）按照技术动作的要领，持拍进行准备姿势、转体倒拍、发力击球、收拍随挥的基本动作练习。注意握拍方式要正确，击球瞬间拍面要朝前，完整动作要连贯协调。运动员在这一阶段可以采取抛球方式进行练习，在抛球的过程中体会挥拍动作。

（3）用吊线球进行击球练习：将球系在 5 米长的吊线（吊线也可用宽一点的布代替）的下端，球所在的位置与运动员举拍时球拍的高度齐平，运动员用球拍向前上方击球，练习正手高远球的击球动作。该练习要求运动员能以完整的高远球挥拍动作击打吊线球，且动作协调连贯。

（4）多球式喂球或一对一陪练式喂球：从原地练习开始，逐步提高难度要求，运动员应在陪练者的帮助下开展由原地完成击球，到蹬转起跳完成击球，再到结合步法后场两边移动击球等进阶训练。

（5）两人分边对练高远球：运动员应先进行定点的高远球练习，待熟练后再进行移动中击球练习，注意到位击球，提高击球的稳定性、准确性。具体的练习内容包括互拉直线、互拉斜线、底线两点互拉等。

2. 反手高远球的训练方法

（1）在训练反手高远球的时候，运动员同样也需要充分理解动作要领，体会前臂外旋发力和手指、手腕联动发力的方式。在打反手高远球时，手指、手腕的联动发力非常关键。通过手指捻动球拍来控制球的旋转，这一点在打正手高远球时是感觉不到的，但在打反手高远球的过程中非常重要。

（2）运动员应按照反手高远球的技术动作要领，进行架拍和挥拍练习。要提肘引拍，并在球拍触球前的那一刻，用拇指前顶拍柄，其余四指紧握，手腕发力，反复进行发力练习。待熟练后由原地挥拍击球练习调整为加入步法的挥拍击球练习，通过反复练习来强化肌肉记忆，以便掌握反手高远球的技术动作要领。

（3）运动员也可以通过吊线球练习或多球式喂球方式逐渐提高技术水平。

通过上述方法持续训练，运动员可以逐步提高打正手高远球和反手高远球的技术水平。

二、杀球

杀球在羽毛球运动中的重要性不言而喻，它是羽毛球比赛中的主要得分手段之一，能给对方很强的震慑力。杀球是所有羽毛球技术中球速最快的技术，是指运动员从后场高点位将球打到对方的中场区域，通过加大回球的力量和速度、控制落点造成对方接球困难。后场杀球的架拍、挥拍动作和高远球、吊球一致，区别仅在于杀球的击球点要比高远球和吊球更靠前一些。杀球可分为重杀、点杀和劈杀。

（一）重杀

重杀是极具攻击性的杀球技术，是指运动员以正拍面在身体右前上方尽可能高的击球点上以最大力量击球，使球快速沿直线下落。这项杀球技术一般在遇到位置较好的主动球时使用，当运动员的站位不好，或是处于被动局面、身体重心不稳时，不建议使用重杀。而在双打比赛中，由于网前有队友，后场进攻的运动员可以全力进攻，为前场的队友创造更多的机会，所以重杀在双打比赛中经常使用。

1. 重杀的动作要领

重杀的准备姿势和高远球一致。在击球前，运动员应屈膝、降低身体重心，并控制好力量的传递，以便腿部蹬地发力。这一过程需要调动全身的力量，包括腿部蹬地、核心收紧、前臂内旋以及手腕甩动的力量。只有各部位协调发力，运动员才能打出重杀。击球时，运动员要以正拍面向前下方全力下压击球。

2. 重杀的分类

重杀可分为头顶杀球和腾空起跳杀球。

（1）头顶杀球是在后场反手位进攻的主要手段之一，它弥补了初学者反手击球力量不足的弱点。头顶杀球的准备姿势和击球动作与头顶区高远球基本相同。不过，头顶杀球对核心力量的要求更高，运动员要以上臂和前臂带动手腕快速甩动进行重杀。当运动员要杀直线球时，挥拍方向为身体左侧；杀斜线球时，挥拍方向为身体右侧。头顶杀球是一项重要的进攻技术，运动员掌握好头顶杀球就不会被动地回击头顶区高远球和吊球，这足以让对手忌惮。

（2）和原地杀球技术相比，腾空起跳杀球在动作结构上多了一个腾空起跳的动作，这样可以提高击球点，增加重杀的威力。从整体动作来看，运动员要做出腾空起跳和落地的动作，所以杀球的时机就显得尤为重要。运动员在合适的位置屈膝准备起跳；侧身起跳时，向右上方提肩，带动上臂、前臂和球拍上举，以便带动身体整体向上；起跳后，右上臂向右后上方摆动，前臂自然后摆，手腕后伸，带动球拍由上向后下挥动，整个身体在空中呈反弓形，此时握拍要松；随后，腾空、转体、收腹，带动上臂发力，前臂内旋全速向前下方挥出，带动球拍快速向前挥动。运动员要充分利用蹬地、转体、收腹产生的力量以及手臂和手腕的爆发力，全力将球向下击出，击球的瞬间运动员要紧握球拍。腾空起跳杀球的完整动作见图3-31。

图 3-31 腾空起跳杀球的完整动作

（二）点杀

点杀与重杀的动作基本一致，区别在于完成点杀时运动员起跳后的展腹动作和挥拍动作幅度较小，运动员多用上臂带动手腕发力，手臂甩动速度快，击球时使用正拍面。点杀的特点是动作幅度小、突击性强、球的飞行路线短、落点较精准。这项杀球技术常常用于变速突击战术。

（三）劈杀

劈杀是羽毛球常用杀球技术之一，具有速度快、球的飞行路线陡、突击性强等特点，往往可以使对方措手不及。

劈杀是运动员在执行变速突击战术时经常运用的一种进攻手段，但是这项杀球技术不易控制，击出的球容易下网、出界。劈杀需要在本方占据主动权时使用，它可以在无形之中破坏对方的防守节奏，让对方被动防守，同时为本方创造得分机会。

劈杀的注意事项如下。

（1）劈杀的关键在于拍面，运动员需要切拍、滑板，此时击球面积较小，增加了击球难度。拍面角度要根据运动员在后场的具体位置和击球点的位置进行调整。

（2）劈杀的最佳击球点应在头顶右侧稍靠前处，这要求运动员判断准确、步法到位。劈杀的引拍动作与打后场高远球完全一样，只是在出手瞬间动作会发生变化，以达到隐藏击球意图的效果。

（3）击球瞬间手臂内旋，屈指发力改变击球角度，前臂和手腕做出鞭打动作，以迅速伸展手臂。其中，手腕甩动的目的主要是调整落点。

（4）劈杀的关键是找准击球点。劈杀时，步法应该正确并且到位，击球点应该在头顶右上方偏前处，击球时上臂带动前臂挥动。劈杀时拍面要与球路有一定的夹角，在击球的瞬间拍面成切面[1]，用斜拍面切击球头，使球速变慢，这样球的落点会比点杀时球的落点更靠网前，这会增加对手接球的难度。运动员要多加练习，才能掌握好对拍面方向的控制。

（四）杀球时易出现的错误

（1）击球点偏低或者偏后，导致击球时难以发力。

（2）挥拍动作不熟练或者身体某一部位力量薄弱，导致力量没有传递到球上。如果运动员只关注起跳动作，那就会忽视力量的传递；如果运动员只用上肢发力，那就会忽略脚部的发力。

---

[1] 劈杀时拍面成切面是指在羽毛球劈杀技术中，球拍不是正面直接击打球头，而是以一定角度切击球头的侧面，用拍面去摩擦切击球头。这种击球方式能使球产生不同的球路和旋转方向，增加了对方的判断难度。而且，劈杀动作前期和普通的杀球一致，只有在击球的一瞬间才会改变拍面方向，换成切球的击打方式。这样的动作增加了劈杀的隐蔽性，能给对方造成更大的防守压力。

（五）杀球的练习方法

同高远球的练习方法和步骤一样，运动员应从原地杀球开始练习。找一位搭档发高远球，可以帮助运动员练习重杀；通过连续发平高球，可以帮助运动员练习点杀。熟练掌握杀球动作后，运动员就可以开展加入两侧移动步法的杀球练习，以训练杀球的稳定性。

三、吊球

把对方击来的后场高球还击到对方网前的击球技术叫作吊球，它是一种进攻技术，既可以调动对方跑位，又可以结合其他技术和步法组织进攻。在后场，若将吊球与高远球或杀球结合起来，就能给对方造成很大的威胁，运动员也可以根据需要，在击球瞬间调整拍面角度和击球力量，打出不同速度和弧度的吊球。吊球的准备姿势、引拍动作和收拍动作见图 3-32、图 3-33、图 3-34。

吊球可以分为轻吊、劈吊、滑板吊球和反手吊球。

（一）轻吊

轻吊（图 3-35）时，起始的引拍动作与高远球相同，二者的不同之处在于球拍触球时的拍面角度和击球力量。轻吊要求运动员在击球时将拍面向前送得更多一些，但用力要轻，可直接用正拍面击打球头或借助来球的反弹力用球拍轻挡，使球过网后贴网而下。这项击球技术多用于拦截对方击来的平高球和半场高球。轻吊时球的落点会比劈吊和滑板吊球的落点更靠近网，但球的飞行速度较慢。吊直线还是吊斜线主要取决于拍面角度和收拍方向。

（二）劈吊

劈吊（图 3-36）时，起始的引拍动作与高远球相同，但是劈吊要求击球时拍面向内倾斜，手腕发力切击球头。若劈吊直线，则球拍向前下方切击球头的右下部。若劈吊斜线，则球拍削球头的右侧，而且球拍向前方送得越多，发力越大。注意，击球瞬间手腕要微屈。

（三）滑板吊球

滑板吊球（图 3-37）是指在击球时抹击来球。滑板吊球和劈吊的姿势不同，劈吊的手势类似于画"小括号"，是内切动作，滑板吊球的手势类似于再见时的挥手，是外切动作。击出滑板吊球时，手腕外展后伸，手臂内旋，同时食指捻动球拍，使球拍抹击球头的左后部。击直线滑板吊球时，运动员要向前、向下击球，将球拍向前送；击斜线滑板吊球时，运动员要抹击球头的左侧，此时拍面和球的摩擦角度和力度更大，球拍要同时向前方送出。

注意，无论是直线滑板吊球还是斜线滑板吊球，它们只在拍面角度和击球力量上存在差异，收拍时球拍的运行方向都是左前方。这样的吊球的隐蔽性较高，给对方造成的威胁更大。

图 3-32　吊球的准备姿势

图 3-33　吊球的引拍动作

图 3-34　吊球的收拍动作

图 3-35　轻吊

图 3-36　劈吊

图 3-37　滑板吊球

（四）反手吊球

反手吊球的击球动作同反手高远球基本一样，二者的不同之处在于球拍触球时的拍面角度和击球力量。反手吊球时，运动员首先向左侧跨右脚，背对球网，身体重心落于右脚，举起球拍置于胸前，击球时上臂带动前臂和手腕发力，前臂外旋，手腕外展。反手吊直线球时，运动员应用球拍切击球头的左后部，沿直线方向送拍；反手吊斜线球时，运动员应用球拍切削球头的左侧，手腕外展，朝对方左网前迅速发力击球。反手吊球的引拍动作、击球动作和随前动作见图3-38~图3-40。

图3-38 反手吊球的引拍动作　图3-39 反手吊球的击球动作　图3-40 反手吊球的随前动作

第五节　网前技术（放网、搓球、网前勾球）

放网、搓球和网前勾球是羽毛球重要的网前技术，它们都是运动员将对方击到本方前场的球，回击到对方近网区域的一种击球技术。在实战中，网前技术如果能运用得当，往往可以收到充分拉开对方前后场移动范围和有效控制前场迫使对方挑后场高球的效果，从而为本方创造有利的进攻机会。

这三种网前技术的准备姿势和步法基本相同，运动员在使用这三种网前技术击打网前球时要注意起始动作的一致性。回击正手网前球时，运动员应用正手位上网步法，跨步上网，最后一步是弓箭步，双臂自然打开，手臂自然伸直，拍头尽可能向前伸，达到最远的接球距离；回击反手网前球时，运动员应用反手位上网步法，跨步上网，最后一步也是弓箭步，双臂展开，保持身体平衡，无须引拍，直接击球即可。注意，应尽可能抢早点、高点击球。

一、放网

当球离对方网前较远时，运动员一般可以采用放网技术将球回击到对方网前，使球过网后迅速下落，不给对方在网前高点击球的机会。对在身体右侧的球，应采用正手位放网；而对在身体左侧的球，则采用反手位放网。

（一）击球要领

正手位放网（图3-41）的要领是右手手臂自然向前伸展，拍头略低于手腕，拍面略微向前，左手手臂自然向后伸展；击球时锁住手腕，靠上网的惯性将前臂向前推送；击球后手臂没有明显的随前动作，手指放松，击球力量不宜过大。

图3-41 正手位放网

反手位放网（图3-42）的要领是用反手握拍，拇指放在拍柄的宽面上，靠前臂的力量向前推送球拍，用斜拍面击球。

图3-42 反手位放网

当来球速度较快时，运动员应注重体会和掌握好击球时的缓冲动作，以精确地控制击球力量，同时应根据击球点与球网间的远近、高低关系，准确地调整拍面角度。

（二）易犯错误

如果放网时力量太小或拍面后仰程度不够，回球就容易下网。反之，球过网时的球路会太高，球容易遭到对方扑杀；或者球飞得太远，不但难以达到充分调动对方的目的，还极有可能使自己陷入被动的局面。

二、搓球

搓球是指来球离网较近时，运动员通过拍面与球头的摩擦，使球发生旋转的技术。在实战中，搓出的球过网后旋转圈数越多，对方就越难对准球头，找到击球点，因此这项技术极具攻击性。搓球时要注意控制击球力量，力量大，导致球飞得太高，容易被对方扑杀；力量小，导致球路过低，球容易挂网。最好的回球效果是球的旋转圈数多、球路靠近网，且球尽量滚网而过。它与擦网而过不同，后者是指回球贴着网带过去，救球成功的概率很大，滚网而过是指回球翻滚过网、下坠，救球成功的概率非常小。搓球可分为正手搓球和反手搓球。

（一）正手搓球

正手搓球（图3-43）可分为正手展搓和正手收搓两种形式。

对于初学者来说，正手展搓相对容易，其准备姿势与正手位放网一致，二者的区别仅在于击球点和拍面角度。正手展搓时，手腕先内收对向来球，在球拍触球的瞬间手腕外展，手指捻动，发力击球，挥拍轨迹是由内向外、由后向前的，运动员应以斜拍面切击球头的左后侧，使球上旋、翻滚过网。

正手收搓的准备姿势与正手展搓一致，但击球时挥拍轨迹是由外向内、由后向前的，运动员应以斜拍面切击球头的右后侧，使球翻滚过网。

图3-43　正手搓球

（二）反手搓球

反手搓球（图3-44）分为反手展搓和反手收搓两种形式。

反手展搓的准备姿势与反手位放网一致，击球时手臂自然伸直，尽量抢高点击球，采用反手握拍，将拇指贴在拍柄的侧棱上，手腕内收前屈，拍面倾斜面对来球。反手展搓时，运动员主要靠前臂前伸、手腕由内收至外展以及手指捻动发力的合力，搓击球的右后侧，使球侧旋、翻滚过网。

反手收搓的准备姿势与反手展搓一致，击球时挥拍轨迹由外向内、由后向前，运动员应以斜拍面切击球头的左后侧，使球翻滚过网。

图3-44 反手搓球

（三）搓球的注意事项

（1）击球前，运动员要做好充分准备。例如，要抢网前高点出拍。当球离网较近时，拍面要放平；当球离网稍远时，拍面要倾斜；当球离网较远时，运动员应采用放网技术，此时搓球容易导致击球下网。

（2）从挥拍到击球的技术动作要简单直接，不要过于复杂。可以省略不必要的挥拍击球动作，直接击球，抢最为有利的击球点和击球时机。

（3）练习时要体会手指捻动球拍、切击球头的感觉，用最小的力量完成整个击球动作。初学者的动作幅度可以较大，以便体会拍面与球的摩擦力，但熟练后要减小动作幅度。

（四）搓球易犯错误

搓球是比较细腻的手部技术动作，在没有教练员指导的情况下，初学者在自学过程中容易养成各种各样的错误习惯。

（1）搓球时，很多初学者靠手臂发力击球，导致控球不准确。

纠正方法：由于手指的感觉比手臂更敏锐，所以手指的控球能力更强。初学者应体会用手腕和手指发力击球的差别。

（2）搓球时，球拍触球的瞬间拍面角度过正，造成球的旋转圈数不够，降低了对方的回球难度。

纠正方法：搓球时拍面要切削球的侧底部，使球上旋、翻滚过网。

（3）握拍太紧，造成控球不准确，从而使球无法产生想要的旋转效果。

纠正方法：握拍太紧，容易造成身体僵硬、不灵活，控球效果比较差；握拍太松，容易控制不住拍面，使得击球时拍面不稳。所以，搓球时的握拍很重要，运动员要放松握拍，并在拍柄与掌心间留有空隙。

三、网前勾球

网前勾球也称网前勾对角，是一种将落到本方前场的球还击到对方网前且与自己成对角线的区域内的击球技术，能够迫使对方转体，破坏对方的击球节奏。网前勾球可在靠近球网的任意高度完成，击球时要保证动作迅速、连贯。这是一项技巧性要求非常高的击球技术。将网前勾球与搓球、推球等技术交替运用，常常可以迷惑对方，产生出奇制胜的效果。网前勾球可分为正手网前勾对角和反手网前勾对角。

（一）正手网前勾对角

正手网前勾对角（图3-45）是指用正手握拍以正拍面将落到本方网前的球还击到对方右场区内。

正手网前勾对角的准备姿势与正手搓球类似，手臂自然向斜上方伸直，身体微微向前倾斜，收腹。正手握拍击球时，前臂内收，立腕，拇指和食指捻动发力。在使用正手网前勾对角技术时，运动员应根据击球时球与球网的距离来调整击球力量，并根据来球方向调节拍面角度。例如，球距球网较近时，应用斜拍面切击球头。

注意，在引拍前球与球拍之间要留有一定距离，球拍触球时，拍面应由右横90度变为竖直状态，并且拍面与球网也是垂直的，如果球拍的倾斜程度太大，那么球容易出界。

图 3-45　正手网前勾对角

（二）反手网前勾对角

反手网前勾对角（图 3-46）是指用反手握拍以反拍面将落到本方网前的球还击到对方左场区内。反手网前勾对角的准备姿势与反手搓球类似，击球时前臂回拉、伸腕，拇指和食指捻动发力，击打球头的左后侧。注意控制好击球力量，找准击球点和击球角度。

图 3-46　反手网前勾对角

（三）网前勾球易犯错误

网前勾球易犯错误为运动员动作幅度太大或者只做出腕部动作，没有做出手指捻动动作。运动员可通过两人抛球练习训练网前勾对角技术，即同伴可以将球抛到近网的位置，模拟实战。

第六节 网前技术（挑球、推球、扑球）

一、挑球

挑球是指运动员将网前低于球网的球由下至上挑起，回击到对方后场的一种击球技术，属于防守技术。挑球的目的主要是让对方退到后场底线，限制其进攻的速度，打破其进攻的节奏，以便在自己较为被动时争取调整时间，制造反击机会。这项击球技术适用于回击对方的吊球、搓球等。挑球的动作看似简单，其实需要运动员掌握许多技术要领。挑球不到位，容易使对方抓住机会杀球，从而使自己陷入被动局面或者直接失分。

（一）正手挑球

正手挑球的引拍动作、击球动作和收拍动作见图 3-47 ~ 图 3-52。

1. 动作要领

（1）用正手握拍将球拍举在胸前，右脚向来球方向跨出一大步，身体向前倾斜，身体重心逐渐移到右脚上。

（2）右臂向后伸展引拍，同时以肘关节为轴，屈臂内旋。

（3）击球时，突然握紧球拍，利用食指及手腕的力量，将球向上方击出。

（4）儿童或者前臂力量不够的运动员可以增加引拍距离。

2. 击球要点

（1）引拍幅度不宜过大，否则挑球意图明显，容易被对方察觉。

（2）主要依靠手腕发力，而不是整个手臂发力，初学者常常会犯这个错误。

（3）手指收紧，握住球拍，将球击出。

图 3-47 正手挑球的引拍动作（正面）

图 3-48 正手挑球的引拍动作（侧面）

图 3-49 正手挑球的击球动作（正面）

图 3-50 正手挑球的击球动作（侧面）

图 3-51 正手挑球的收拍动作（正面）

图 3-52 正手挑球的收拍动作（侧面）

（二）反手挑球

反手挑球的引拍动作、击球动作和收拍动作见图 3-53 ~ 图 3-58。

1. 动作要领

（1）用反手握拍将球拍举在胸前，右脚向来球方向跨出一大步，身体向前倾斜，身体重心逐渐移到右脚上。

（2）身体右侧对着球网，双臂自然展开，前臂内旋，拍面倾斜，朝向前上方。

（3）以肘关节为轴，挥拍轨迹由下往上，拇指压住拍柄的宽面，前臂外旋带动手腕用力将球击出。

（4）击球后，球拍自然挥动至右肩上方。

2. 击球要点

（1）击球时，球拍应由下往上正面击球。

（2）如果球离网较近，那么挑球时击球点应在较高处，以确保回球不下网。

（3）挑球动作完成后，运动员应迅速恢复准备姿势。

图 3-53　反手挑球的引拍动作（正面）

图 3-54　反手挑球的引拍动作（侧面）

图 3-55　反手挑球的击球动作（正面）

图 3-56　反手挑球的击球动作（侧面）

图 3-57 反手挑球的收拍动作（正面）　　图 3-58 反手挑球的收拍动作（侧面）

（三）挑球易犯错误

（1）动作幅度太大，即上臂回拉击球。

（2）击球点靠后或太靠近自己。

二、推球

推球是指运动员将对方击来的网前球推击到对方的后场，这是一种常见的网前进攻技术。推球时运动员要在较高处击球，但动作幅度要小，挥拍要迅速。推球过程中，运动员要通过外旋手臂带动手腕和手指发力。改变击球点的高度和拍面角度可以控制球的飞行路线。

（一）正手推球

在右场网前区，手臂略微外旋，手腕向后伸展，同时向后挥动球拍，使拍面正对来球。

推球时，身体向前倾斜，右前臂前伸并内旋，手腕发力的同时五指握紧球拍，顺势击球，使球沿直线飞向后场。挥拍结束后，将球拍收到身体右侧。正手推球的引拍动作和击球动作见图 3-59 ~ 图 3-62。

图 3-59　正手推球的引拍动作（正面）　　　图 3-60　正手推球的引拍动作（侧面）

图 3-61　正手推球的击球动作（正面）　　　图 3-62　正手推球的击球动作（侧面）

（二）反手推球

在左场网前区，前臂向胸部收紧，肘关节弯曲，反手握拍，手腕外展，此时不用紧握球拍，使拍面正对来球。

推球时，右前臂前伸并外旋，拇指顶住拍柄发力，其余四指握紧球拍击球。击球后，手臂放松，恢复准备姿势。反手推球的引拍动作和击球动作见图 3-63 ~ 图 3-66。

图 3-63　反手推球的引拍动作（正面）

图 3-64　反手推球的引拍动作（侧面）

图 3-65　反手推球的击球动作（正面）

图 3-66　反手推球的击球动作（侧面）

三、扑球

扑球是一项十分实用的网前技术。它是一种强有力的得分方式，其动作要领也相对容易掌握。

扑球动作较为迅猛，能对对方起到震慑作用。拥有较好的扑球技术，可以使对方不敢轻易放网前球，这有助于为本方创造进攻机会。

（一）扑球的分类

根据握拍方式，可以将扑球分为正手扑球和反手扑球。

正手扑球的动作要领：右脚蹬步上网，身体前倾，正手握拍，将球拍举至右肩前上方，肩、肘固定，利用前臂伸直内旋，带动手腕由后向前发力，进而带动球拍向下扑球。正手扑球的引拍动作和击球动作见图 3-67 ~ 图 3-70。

图 3-67　正手扑球的引拍动作（正面）　　　图 3-68　正手扑球的引拍动作（侧面）

图 3-69 正手扑球的击球动作（正面） 　　　图 3-70 正手扑球的击球动作（侧面）

反手扑球的动作要领：反手握拍，右脚蹬步上网，前臂向前上方伸展，手腕外展，拇指顶压拍柄，前臂外旋，带动手腕内收、下压扑球。反手扑球的引拍动作和击球动作见图 3-71～图 3-74。

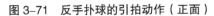

图 3-71 反手扑球的引拍动作（正面） 　　　图 3-72 反手扑球的引拍动作（侧面）

图 3-73　反手扑球的击球动作（正面）

图 3-74　反手扑球的击球动作（侧面）

扑球可分为常规扑球、点扑和抹扑，使用这三种技术时，击球点与球网的距离有所不同。

常规扑球时，球距球网较远，动作幅度较大。点扑（动作类似于点杀）时，球距球网较近，但球要高出球网一定的高度，运动员要用球拍的上部自上而下击球，该过程中手腕要由外展至内收，向前下方加速挥拍，动作要快，幅度要小，同时运动员要对抗快速击球动作的惯性，这是为了防止击球触网。抹扑时，球距球网很近，运动员只能用扇形的挥拍动作去击球。

根据握拍方式，抹扑又可以细分为正手抹扑和反手抹扑。正手抹扑的动作要领：拍面略微立起，稍高于球网，抢到高点后，运动员要依靠手腕发力，挥拍时拍面由右向左平抹，球拍的运动轨迹呈扇形。反手抹扑的动作与正手抹扑相似，只是挥拍方向相反。通过正手抹扑和反手抹扑击出的球更容易往中线位置飞，球不容易出界。

常规扑球、点扑和抹扑的不同之处在于使用前两种扑球技术时运动员要将拍面向球网拍过去，而使用第三种扑球技术时拍面是左右移动的，这是为了防止触网犯规。

（二）扑球的动作要领

（1）扑球时要快、准、狠。

（2）尽量在高点击球，防止球下网。

（3）动作幅度不宜太大，否则容易触网犯规。

（三）扑球技术的选择

（1）如果是网前较量，那么运动员在击球后应后撤一小步，这有助于扑对方回放的高球，此时运动员可根据回球的质量选择点扑或抹扑。

（2）如果预判对方将从中后场回击网前球，那么运动员可以站在稍微靠前的位置等待时机，此时运动员可以采用常规扑球。

（3）如果对方常用吊球，那么运动员可以抓住机会去扑球；对初学者而言，高吊球很常见，它对练好扑球非常有益。

（四）扑球的注意事项

（1）运动员要控制动作幅度，在球落地前球拍和身体的任何部位都不能触网。

（2）球未过网的情况下，运动员不能过网击球，否则将被判违例。

（3）运动员要尽量抢高点扑球，否则容易出现犯规。

（4）正手扑球时，运动员要用食指发力，其他手指控制球拍；反手扑球时，运动员要用拇指发力，其他手指控制球拍。

（5）扑球的落点一般靠近对方的身体或者在空当位置，千万不要将球扑到对方的球拍附近，这容易使球被对方下意识挡回来。

（五）训练方式

运动员可通过两人抛球练习训练扑球技术，同伴要注意抛球的质量。

第七节　中场技术

一、接杀

接杀是重要的羽毛球防守技术，掌握接杀技术能有效避免对方通过杀球直接得分，并使本方转守为攻。

根据握拍方式，接杀可分为正手接杀（图3-75）和反手接杀（图3-76）。

图 3-75　正手接杀　　　　　　　图 3-76　反手接杀

接杀球时，运动员可以选择接杀挡放网前球、接杀平抽挡球或接杀挑后场高球等回球路线。单打比赛中多使用接杀挡放网前球，双打比赛中则多使用接杀平抽挡球和接杀挑后场高球。

（一）接杀挡放网前球的动作要领

由于对方杀球力量大，所以运动员在击球时，无须额外施加力量，可以借助对方杀球的力量将球轻挡过网。在挡放网前球时，应尽量贴网回球，这样可以避免对方扑球。除此以外，运动员可以控制拍面角度，选择挡直线或是挡斜线。完成挡放网前球后，运动员需要快速调动身体，寻找更好的进攻机会。

（二）接杀平抽挡球的动作要领

如果对方的杀球质量不高，那么运动员可利用平抽挡技术转守为攻，进行快速反击。由于平抽挡球的飞行弧线较平、速度较快，所以它可以快速调动对方跑动，使对方的回球质量下降，进而为本方创造反攻机会。平抽挡的核心要点是球路平、球速快。

（三）接杀挑后场高球的动作要领

接杀挑后场高球的击球瞬间，运动员应紧握球拍，利用前臂带动手腕和手指同时发力。切记，该过程中不能用上臂发力。选择合适的步法以及保证动作的连贯性可以使运动员更准确地控制发力和球的落点。

（四）接杀的注意事项

1. 认真观察对方的击球姿态

在羽毛球比赛中，当对方拥有主动权，即看到对方高举球拍准备发力进攻时，运动员应选择中后场站位，以延长杀球的飞行距离，赢得更多的反应时间。无论对方是准备杀球，还是准备轻吊网前球，运动员都要集中注意力，观察对方球拍的拍面角度及其他动作细节。

2. 预判对方的杀球

接对方的杀球前，运动员要对对方的杀球进行预判，也就是说，运动员要针对杀球的各种可能落点做好接球准备，这样就不至于措手不及。例如，对方杀追身球时，运动员最好用反手握拍挡放网前球，因为反手握拍时球拍的防守范围会更大，而且反手挑球更容易发力，其动作也更隐蔽。

3. 接对方杀球时不应过度发力

做好上述准备的同时，运动员还需注意在接对方的杀球时不应过度发力。控制回球路线来调动对方跑动，能有效破坏对方的进攻节奏，做到有目的地防守。改变回球路线，可以有效限制对方连续杀球。

4. 接杀时的步法与站位

接杀追身球时，运动员应保持准备姿势时的站位，并使身体稍向后仰。接杀球场两侧的来球时，如果球离身体较近，那么运动员应直接向来球一侧蹬跨步；若球靠近边线，那么运动员在正手位需要采用垫步加蹬跨步来移动，在反手位需要采用垫步加蹬转步来移动。

二、平抽挡

平抽挡是平抽和挡网的组合技术，是一种较为实用的进攻技术，它通常要求运动员在肩部以下的位置击球，球的飞行弧线较平且飞行高度贴近球网。

平抽挡要求运动员快速将球抽打到对方胸、肩部的位置，同时球的飞行高度要略高于球网，击球后运动员要迅速调整站位，回到做准备姿势时的站位，迎击下一球。平抽分为正手平抽和反手平抽。下文将从正手平抽、反手平抽、挡网等方面详细介绍平抽挡的动作要领。

（一）正手平抽的动作要领

正手平抽的引拍动作、击球动作和收拍动作见图 3-77 ~ 图 3-79。其动作要领如下：

（1）降低身体重心，肩部与球网上沿应尽量在同一水平高度，前脚掌始终着地。

（2）手肘略微后引，带动球拍向后引拍，"引肘"动作不明显。

（3）引拍时，前臂外旋，手腕后伸带动拍头朝后。

（4）击球时，肘部伸直，前臂内旋带动手腕向内屈曲，球拍向前挥，"横扫"球头。

图 3-77　正手平抽的引拍动作　　　　图 3-78　正手平抽的击球动作

图 3-79　正手平抽的收拍动作

（二）反手平抽的动作要领

反手平抽的引拍动作、击球动作和收拍动作见图 3-80 ~ 图 3-82。其动作要领如下：

（1）降低身体重心，肩部与球网上沿应尽量在同一水平高度，前脚掌始终着地。

（2）反手握拍，拇指顶在拍柄的宽面上。

（3）抬肘，屈肘，将拍头向左肩处引拍，同时前臂内旋。

（4）随后，前臂外旋带动手腕从内收到外展，同时拇指向外顶，其余四指紧握球拍，击打前方的来球。

图 3-80　反手平抽的引拍动作　　　　图 3-81　反手平抽的击球动作

图 3-82　反手平抽的收拍动作

（三）挡网的动作要领

挡网时的击球点略低于平抽时的击球点。由于来球力量大、速度快，因此挡网时，运动员只需朝来球方向，用拍面轻轻一挡，借助球本身的力量，即可将球挡回。

（四）注意事项

在运动中注意以下细节可以有效提高运动员用平抽挡击球的质量。

1. 适当屈膝以降低身体重心

运动员应适当屈膝，使肩部与球网上沿尽量保持同一水平高度。身体重心太高，容易导致回球的高度过高，对方容易抓住机会扑球；将身体重心适当降低，运动员可以更清楚地观察来球路线，做出最佳回球。

2. 双脚要保持灵活

运动员应始终以前脚掌着地，不可全脚掌着地。运动员可以通过小碎步调整身体姿势，寻找最舒服的击球方式。

3. 尽量回击追身球

用平抽挡击球时，落点应尽量靠近对方肩部或腰部，从而让对方不能舒服地回球。在双打比赛中，可以选择中路作为球的落点，从而让对方因为争球而产生失误。

4. 举拍速度要快

运动员应采用短握的握拍方式，即握住拍柄的上半部分，这样能缩短挥拍半径，提高挥拍速度。击球时，运动员应借助转体带动前臂、手腕和手指快速协调地发力。在完成一次击球动作后，运动员要立马回位，为下一次击球做好准备。引拍、挥拍的动作幅度不宜过大，以免浪费时间，使得动作的连贯性下降。

5. 平抽与挡网技术的灵活转换

如果对方用力抽球，那么运动员就可以用挡网回球，这就是借力打力。尽管对方抽球抽得很猛，但挡网可以卸掉一部分力，使得回球路线不会太高，这使对方不容易进行网前封杀。

6. 使用平抽挡技术占据主动后运动员可以逐步向网前继续压制对方

运动员应根据对方的站位调整自己回球的高度，如果对方的站位比较靠后，那么运动员可以卸力轻挡网前，这可以让对手措手不及，此时一般用正手。

当使用平抽挡技术仍处于被动局面时，运动员要主动发力，尽量将球打到对方的后场，为自己争取更充足的调整时间，此时一般用反手。

（五）训练方式

（1）在打球前的热身和打球后的整理阶段，运动员可通过开展半场平抽对练来加强基本功训练。

（2）采取抽墙练习，可以有效提高平抽挡技术水平。在抽墙练习中，运动员可根据回球不断调整击球力度、击球点高度以及握拍方式。

第八节　步法

步法是运动员必须掌握的羽毛球技能。掌握灵活的步法，可以让运动员在球场上行动自如，而将灵活的步法和多变的手法相结合，可以让运动员在球场上所向披靡。

羽毛球的步法灵活多变，根据站位和球的来向，运动员可以选择不同的步法，如跨步、跳步、交叉步等，每种步法都有独特的优势和适用的场合。根据运动员在场上所处的位置和移动方向，步法可划分为启动步法、上网步法、中场步法、后退步法和反手位后场步法。虽然每种步法的跑动形式有所不同，但它们的动作都是由启动、移动、击球和回动四个部分组成的。

一、启动步法

启动步法是所有步法的基础。其准备姿势为两脚开立与肩同宽，右脚靠前，超过左脚半只脚的距离，身体略微前倾，两膝微屈使身体重心降低，双脚以前脚掌着地，确保身体可以随时启动，快速向来球移动。身体面向前方，球拍置于体前，注意力保持高度集中，观察对方的动作和球的飞行情况。

动作要领：站在中场位置，保持准备姿势，原地起跳，注意不要跳得太高，即身体重心的起伏不宜太大。运动员应在对方触球的瞬间对球的飞行路线和落点进行预判，借助启动步法接移动步法（如上网步法）进行快速移动。初学者应先学习完整的启动步法，待动作熟练后再尝试加快步法移动的速度。

二、上网步法

上网步法是指来球的落点在网前时，运动员为了上网推球、搓球、扑球或挑球而选择的步法。根据不同的前进方式，上网步法可以细分为前交叉步加蹬跨步上网步法（包括两步跨步上网步法、三步跨步上网步法）、垫步加蹬跨步上网步法、后交叉步加蹬跨步上网步法、蹬跳步上网步法等。

（一）上网步法的分类

1.两步跨步上网步法

两步跨步上网步法属于前交叉步加蹬跨步上网步法。其动作要领：原地轻跳，做启动步法，使双脚间距增大，随后左脚向来球方向跨出一小步，右脚再向前跨出一大步，使运动员到达击球位置。注意，右脚的步子要跨得大些，脚跟要滚动着地，脚尖要朝外。为了保证及时回动，运动员的身体重心要及时落到前脚上，左脚收回也非常重要，可以削弱前冲力，防止前冲过度。回动时右脚要蹬地返回。

2.三步跨步上网步法

三步跨步上网步法属于前交叉步加蹬跨步上网步法。其动作要领：原地轻跳，做启动步法，使双脚间距增大，随后右脚向来球方向跨出一小步，左脚再向前跨出第二步，最后右脚跨出一大步，使运动员到达击球位置。

3.垫步加蹬跨步上网步法

垫步加蹬跨步上网步法的动作要领：原地轻跳，做启动步法，使双脚间距增大，随后右脚向来球方向迈出一步，左脚向右脚迈出的方向垫一小步，同时右脚抬起，借助左脚蹬地的反冲力再跨出一大步，使运动员到达击球位置。

4.后交叉步加蹬跨步上网步法

后交叉步加蹬跨步上网步法的动作要领：原地轻跳，做启动步法，使双脚间距增大，随后右脚向前侧方迈出一小步，左脚在右脚后方做交叉步，最后右脚借左脚蹬地的反冲力大步跨出，使运动员到达击球位置。

5.蹬跳步上网步法

蹬跳步上网步法的动作要领：原地轻跳，做启动步法，使双脚间距增大，运动员站在靠近网前的区域，当判断对方要进行多拍的网前球进攻时，运动员应双脚蹬地，迅速向网前移动，采用扑球技术击球。同时，运动员应注意击球力度，避免触网、越网犯规。

（二）上网步法的注意事项

（1）运动员应注意控制身体重心，避免身体过度前倾，否则身体会失去平衡，运动员将无法进行防守。到位击球时，前脚应向外展开，脚尖应指向边线，这样既可以保护脚踝、膝关节免受挫伤，也可以保持身体平衡。

（2）完成击球后，运动员应根据击球的效果和对方的情况，采取不同的后退步法以回到中心位置，准备迎击下一球。

（3）回动时，运动员可以根据击球情况调整步法。例如，如果对方击出高远球，那么运动员可以缓缓回动，并利用这个时机平稳呼吸和心态；如果对方击出网前球，那么运动员要垫步回动，并集中注意力观察对方的动作，以便在对方回搓时快速回击或者在对方打后场球时衔接后退步法。

三、中场步法

中场步法可分为正手位步法和反手位步法。

（一）正手位步法

正手位步法根据来球情况可分为两种，第一种针对追身球，运动员要在启动后蹬左腿、跨右腿，到达击球位置，并在接球后回动。第二种针对靠近边线、离运动员身体较远的球，运动员要用垫步，即在启动后，使左脚迅速向右脚靠拢，并在落地后蹬地发力，右脚跨步，以此到达击球位置接球。击球时，双脚成丁字步，右腿膝关节和右脚尖朝向来球方向。

（二）反手位步法

反手位步法根据来球情况可分为两种，第一种针对追身球，运动员要在启动后蹬右腿、跨左腿，到达击球位置，然后在接球后回动。第二种针对靠近边线、离运动员身体较远的球，运动员在启动后要将左脚向外侧垫一小步，然后转体跨右腿，到达击球位置接球，最后回动。

四、后退步法

后退步法通常是指运动员在完成前场击球后退回后场进行击球的步法。根据击球位置，后退步法可分为正手位后退步法和头顶区后退步法。正手位后退步法是指运动员从中场站位向身体的右后侧移动的步法。头顶区后退步法是指运动员从中场站位向身体的左后侧移动的步法。对于任意一种后退步法，它们在启动前的准备姿势大体相同，即身体面向前方，两脚开立与肩同宽，右脚靠前，超过左脚半只脚的距离，两膝微屈使身体重心降低，双脚以前脚掌着地，确保身体可以随时启动，身体略微前倾，球拍置于体前，注意力高度集中，观察对方的动作和球的飞行情况。

下文主要介绍正手位和头顶区的并步后退步法、交叉步后退步法以及正手位并步加跳步后退步法、头顶区侧身步加跳步后退步法。

（一）正手位并步后退步法

运动员在原地轻跳，用启动步法，使双脚间距增大，右脚向来球方向迈出一小步，髋部发力带动上体右转，随后左脚用并步靠近右脚，右脚再向后迈出一大步，左脚顺势跟进一小步，运动员到达击球位置后侧身，做好击球准备。

（二）头顶区并步后退步法

运动员在原地轻跳，用启动步法启动，随后有意识地向后跳一小步，右脚前脚掌发力向右后方蹬地抬起，带动髋关节向右后方转动，同时左脚并步靠近右脚，并步的步幅可以根据来球远近来调整，最后运动员侧身对网，做好击球准备。

（三）正手位交叉步后退步法

运动员在原地轻跳，用启动步法，使双脚间距增大，右脚向身体右后方退一步，带动髋部向右后方转动，随后左脚在右脚后交叉且后退一步，做出左脚在后、右脚在前的姿势，最后运动员侧身对网，做好击球准备。

（四）头顶区交叉步后退步法

运动员在原地轻跳，用启动步法，右脚蹬地发力，带动髋关节及上体向右后方转动，同时右脚向后退一步，左脚在右脚后交叉且后退一步，右脚再向后退至击球位置，左脚跟进一小步，做出左脚在前、右脚在后的姿势，最后运动员侧身对网，做好击球准备。

（五）正手位并步加跳步后退步法

运动员在原地轻跳，用启动步法，使双脚间距增大，右脚向来球方向迈出一小步，髋部发力带动上体向右后方转动，这些动作与正手位并步后退步法的起始动作相同，但正手位并步加跳步后退步法随后的动作是运动员侧身起跳，在空中完成击球后双脚落地。正手位并步加跳步后退步法常用于中场拦截或者双打比赛中后场运动员移动杀球等情境。

（六）头顶区侧身步加跳步后退步法

头顶区侧身步加跳步后退步法是突击抢攻打法中常用的后退步法。在髋关节及上体快速向右后方转动的同时，右脚向后退一步，随后蹬地跳起，腰部发力使上体后仰，在空中完成击球动作。此时，双脚在空中做交叉动作后落地，核心收紧，落地时身体重心落在右脚上。

五、反手位后场步法

反手位后场步法往往在运动员处于被动局面时使用，即当来球速度较快，运动员来不及在头顶区击球时常使用这种步法，不建议经常使用。在步法移动的过程中，运动员要从正手握拍调整为反手握拍。下文主要介绍跨步反手后退步法和并步反手后退步法。

（一）跨步反手后退步法

运动员在中场站位从准备姿势开始启动，左脚向左后方迈步移动，随后转体背对球网，右脚跨步支撑，击球，然后回动。回动时右腿要先蹬转，使身体面对球网。

（二）并步反手后退步法

启动后，右脚先向左脚靠拢并步，左脚向左后方撤一步，同时上体左转，右脚再向左后方跨一步，到达击球位置击球，然后回动。回动时同样是右腿先蹬转，使身体面对球网。

六、步法练习

运动员需要反复练习羽毛球步法，待熟练后还要在实战中多加应用，以逐渐提高预判能力、启动速度以及移动速度。具体的步法练习如下。

（一）前后场移动连贯步法练习

运动员在前场击球后垫步后退，侧身击后场球，随后垫步向前跨步，击前场球，重复练习。

（二）左右折返摸线跑练习

运动员在羽毛球场地的边线间进行左右折返摸线跑练习，以训练跨步技巧和降低身体重心的能力。也可用整齐排布的羽毛球代替边线，触球即视为摸线。

（三）两人一组进行全场任意方向摸球练习

运动员按照队友下达的指令摸相应位置的球，以练习启动能力、预判后的步法衔接能力。队友应根据运动员的水平合理安排练习组数。

（四）带着打球意识的步法练习

运动员应在移动中根据击球的实际情况，协调好手上的动作和脚底的步法衔接。

（五）假想对手回球的步法练习

运动员在练习中想象有对手存在，每一次挥拍时都有意识地预判对手如何回球、自己如何击球，并考虑接下来的打法。

第四章

羽毛球战术

第一节　羽毛球基本技术的战术作用

一、发球的战术作用

发球是羽毛球每回合比赛的开始，因此发球是羽毛球技术中唯一不受对方击球方法的制约而可以随意运用的一项技术。根据击球后球的飞行弧线和落点，发球可分为发高远球、发网前球和发平高球。

（一）发高远球的战术作用

发高远球通常是为了迫使对方退至底线击球，以削弱对方扣杀的威胁，增加对方扣杀后迅速抢网进攻的难度。发高远球一般在单打比赛中较为常见，属于控制对方后场、后发制人的发球战术。

（二）发网前球的战术作用

发网前球通常是为了调动对方、寻找战机、发起抢攻。发网前球可以限制对方进行后场进攻，削弱对方的威胁。如果对方接网前球的技术较差，那么运动员可以通过发网前球争取主动权。

由于双打比赛的发球区比单打比赛的发球区短，因此发网前球在双打比赛中运用较普通。但随着技战术打法的不断丰富、运动员身体素质的不断提高和羽毛球器材的不断更新，发网前球在单打比赛中的应用也日益广泛。

发网前球的战术作用与发高远球的战术作用不同，发网前球是一种先发制人的战术打法，特别是那些以攻为主的运动员，在比赛中尤其是在比赛的关键时刻，常以此作为主要的进攻手段。发网前球的战术效果主要取决于发球质量和进攻技术水平。

（三）发平高球的战术作用

发平高球通常与发网前球结合使用，即运动员在对方的发球站位比较靠前，或在对方准备向前接网前球时，出其不意地击出快速越过其头顶落至后场的球，使其措手不及而陷入被动，或者诱使其在慌乱中盲目进攻，出现失误，为本方创造进攻机会。

总之，发球时运动员可以凭自己的主观意愿，发出不同路线、弧度、速度和落点的球。发球可与下一拍击球动作结合，运动员可借此争取主动权，达到控制比赛节奏和破坏对方进攻的战术目的。但是，这一战术目的能否实现，在很大程度上取决于发球质量及发球与击球动作的衔接质量。

（四）提高发球效果的注意事项

首先，在教学中要培养运动员在每次发球时明确战术目的的习惯，这有利于运动员高质量完成击球动作的衔接，使对方难以对运动员的发球意图提前做出判断。

其次，发球动作要力求一致。发球动作的一致性能确保对方在整个发球过程中难以提前做出正确的判断，从而延缓对方做出有效应对和判断的时间。发球动作的一致性也是衡量一个运动员发球技术水平高低的主要标准。

最后，要培养运动员改变发球节奏的能力。在日常训练中，人们普遍重视对发球方法的学习以及对球的飞行弧线和落点的控制，但在培养改变发球节奏的能力方面，往往缺乏足够的重视。发球节奏的变化主要体现在从双方运动员做好接发球准备，到一方开始发球所用时间的变化上，也体现在从发球挥拍开始到发球结束这一动作完成速度的变化上。

二、接发球的战术作用

无论是单打比赛还是双打比赛，接发球都至关重要。在单打比赛中，运动员应通过观察对方、控制节奏、发起抢攻、变化路线和保持稳定来争取主动权；而在双打比赛中，运动员则更注重前场控制、快速转换、压迫对方、与队友的配合、变化节奏以及充分利用场地来取得主动权。总之，结合个人技术风格和比赛实际情况灵活运用接发球，是赢得比赛的关键。

（一）单打接发球战术

在单打比赛中，运动员通常难以通过接发球直接得分，接发球的主要目的是过渡，即通过改变击球节奏和击球方向，使对方陷入被动的局面。恰当的接发球处理不仅能对对方造成威胁，还能为接下来的进攻创造机会。

1. 单打接发球的准备姿势

运动员应采取侧身对网的站姿，左脚在前，右脚在后，身体略微前倾，重心落在前脚上，膝关节保持微屈，右脚脚跟稍微抬起，收紧腹部，观察对方的发球动作，做好准备。

2. 接发网前球的战术安排

接发网前球时，运动员应根据来球的方向和速度，选择最佳的回球方式。例如，当对方在左场区发球至正手位时，可以选择斜线放网至对方右场区前场，或者在合适的击球点使用推球技术，将球推至对方右场区后场。如果来球的飞行弧线较高，可以使用扑球技术进行回击。

3. 接发高远球和平高球的战术安排

面对高远球或平高球，运动员应抓住机会进行抢攻，以保持主动。回球时可采取的击球技术包括吊球、平高球和杀球，具体选择何种击球技术应根据对方发球后的站位和自己的战术计划来决定。

4. 接发平快球的战术安排

面对平快球，运动员应利用右脚蹬地发力，迅速后退，并采取追身球或快杀技术进行回击。必要时，也可以采用拦吊网前技术，以增加对方的跑动。

（二）双打接发球战术

双打比赛对接发球的质量要求很高。与单打比赛不同，在双打比赛中，接发球处理不当可能导致快速失分，因此运动员通常采用积极压迫的方式处理接发球。

1. 双打接发球的准备姿势

双打接发球的准备姿势与单打接发球的准备姿势基本相同，但运动员的站位要更靠前，以便运动员在接发网前球时能够抢到高点，争取主动权；膝关节的屈曲程度要更大，以便运动员在对方攻击后场时能够迅速后蹬起跳。

2. 接发网前球的战术安排

在双打比赛中接发网前球时，运动员可以采用放网、搓球、推球、勾对角、扑球和挑球等多种技术进行还击。面对弧线曲度较大的网前球，运动员应迅速向前扑球，争取抢攻机会。挑球通常是在难以争得主动或感到疲惫的情况下使用，在双打比赛中应尽量少用，必须要用时应尽量保证回球路线又高又远。

3. 接发后场球的战术安排

面对后场球，运动员可以迅速跳起进行下压击球，这需要前臂和手腕协调发力。此外，追身扣杀也是一种有效的回击方式。如果身体启动较慢，可以用平高球技术，使球落在对方场区的底线两角，增加对方的移动距离。如果对方在发球后退至后场准备迎击，运动员可以将球拦吊至网前两角，迫使对方在网前进行回击，从而增加对方的移动距离。

三、高球的战术作用

高球分为高远球和平高球，它们的战术作用如下。

（一）高远球的战术作用

由于高远球的飞行弧度较大，到达对方场区底线所需要的时间较长，而且不易被对方拦截，因而它能迫使对方远离场区中心位置、退到底线击球，这有利于增加对方的移动距离，调整场上的比赛节奏。例如，本方处于被动局面时，就可以利用高远球飞行时间长的特点，争取回动时间，摆脱被动局面。

（二）平高球的战术作用

平高球的飞行弧度比较小，到达对方场区底线所需要的时间相对较短，如果运动员能熟练掌握平高球技术，那么他的击球动作通常会带有突然性。在实践中，平高球往往能和吊球很好地结合使用，达到调动对方跑动、为本方创造进攻机会的目的。

由于高远球和平高球在空中飞行的弧度和速度不同，因此它们具有不同的战术作用。一般而言，高远球通常具有防守性质，主要在处于被动、进行防守时使用；平高球通常具有进攻性质，主要在进攻和相持状态下使用。因此，从战术运用的角度来说，运动员应在平时的训练和比赛中明确这两种技术在战术运用上的不同之处。为了能在比赛中充分运用好这两种技术，尤其是发挥平高球的战术作用，运动员一定要提高对击球后球的飞行弧线和落点的判断准确性。

四、吊球的战术作用

吊球通常和高远球结合使用，这种组合技术使球的落点一前一后，有利于调动对方跑动，为本方创造突击进攻的机会。这里主要介绍轻吊、劈吊和假动作吊球的战术作用。

（一）轻吊的战术作用

轻吊球的落点靠近球网，能有效增加对方的移动距离。但是，与劈吊球相比，轻吊球在空中飞行的速度相对较慢。

（二）劈吊的战术作用

劈吊球的球速相对较快，且劈吊与杀球具有较高的动作一致性，但与轻吊球相比，劈吊球的落点一般离网更远。

（三）假动作吊球的战术作用

假动作吊球，即假装杀球，出手时改为吊球。其起始动作和杀球极为相似，只是在击球瞬间动作才突然变化为吊球。如果能将这项技术运用得当，将对对方产生很大的欺骗性。

但运用这项技术通常需要比较充裕的击球时间。因此，这项技术在运动员占据主动时，尤其是在双打比赛中运用较为频繁。

五、搓球的战术作用

由于搓球后，球会在网上不规则地旋转，所以对方难以捕捉最佳的击球时机和合适的击球位置，从而难以进行快速准确地还击，这使得对方容易出现击球失误，进而使本方获得主动权。

比赛中，具备高水平的搓球技术往往能使运动员控制住前场、迫使对方挑后场高球，从而为本方创造有利的进攻机会。

六、推球的战术作用

推球后，球的飞行速度较快，弧线曲度较小，如果能妥当地运用推球技术，那么运动员往往能迫使对方从后场被动地还击，从而为本方创造更有利的进攻机会。

推球是一项需要运动员准确把握运用时机的技术，如果运用不当，那么运动员极易遭到对方的反击，从而陷入被动局面。

七、勾球的战术作用

根据运动员击球时在场上所处的位置，一般可将勾球分为网前高手勾对角球、网前低手勾对角球和中场勾对角球三种。

勾球的主要战术作用是突然改变球的飞行路线，迫使对方改变原来的直线运动路线，增加其移动和还击的难度。比赛中，勾球通常可用来对付场上直线运动速度较快但身体转动不够灵活的运动员。

八、杀球的战术应用

杀球是一种具有较大威胁的进攻技术，它具有击球力量大、球的飞行速度快和落地时间短的特点。因此，高水平的杀球不但能使对方接球困难，而且在空间和时间上都能起到控制场上进攻态势、限制对方直接进行有效反击的战术作用，是一种有效的得分技术手段。

在战术上，运动员必须灵活运用各类杀球，即在击球力量、球的飞行路线和落点上进行调整，而且运动员还要将杀球与高球、吊球结合起来，这样才能获得更好的击球效果。

九、挑球的战术作用

挑球的战术作用主要是防守和过渡。当运动员在实战中处于被动状态、无法马上进攻时，就可以通过挑高球来争取时间，调整自己的站位和比赛的节奏。目前，在女子双打比赛中，高水平的挑球往往还兼有消耗对方体力、后发制人的战术作用。

十、接杀球的战术作用

接杀球时常使用放网前球、勾对角球、挑后场球和抽球四种回球技术。它们的战术作用主要是稳固防守，避免失误；增加对方下一拍还击的难度，破坏对方进攻的连续性；利用抽球等防守反攻技术伺机反击。这里应该注意的是，运动员在击球时必须对对方的下一拍击球意图做出及时、准确的判断，并能有针对性地、灵活地运用上述技术，出其不意，攻其不备。

第二节　单打球路训练

一、高吊球球路练习

通常情况下，运动员会将吊球与高远球结合使用，使球的落点在前场和后场交替出现，这能调动对方跑动，为本方创造突击进攻的机会。为使有关练习方法的叙述内容更加简洁、明确，下文将主练者称为甲、陪练者称为乙。

（一）固定高吊球球路练习

1. 右后场的正手位高吊球球路练习

右后场的正手位高吊球球路练习见图 4-1。甲在右后场正手吊直线至乙的左前场，乙挑直线至甲的右后场；甲回击直线高远球至乙的后场头顶区，乙回直线高远球至甲的右后场。甲在基本不移动站位的情况下重复完成右后场的正手位高吊球球路练习，直到球落地为止。

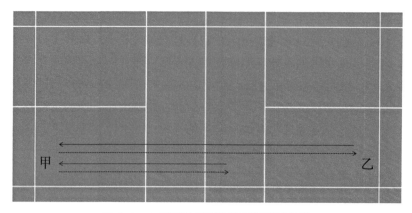

图 4-1　右后场的正手位高吊球球路练习

2. 左后场的头顶区高吊球球路练习

左后场的头顶区高吊球球路练习见图4–2。甲在后场头顶区正手吊直线至乙的右前场，乙挑直线至甲的后场头顶区；甲回击直线高远球至乙的右后场，乙回直线高远球至甲的后场头顶区。甲在基本不移动站位的情况下重复完成左后场的头顶区高吊球球路练习，直到球落地为止。

经过练习，甲掌握了高远球衔接吊球的手法，乙锻炼了前后场直线跑动的步法。

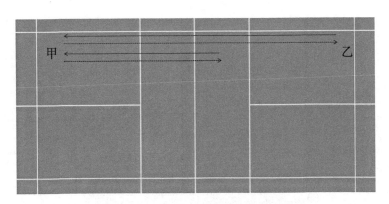

图4–2 左后场的头顶区高吊球球路练习

（二）不固定高吊球球路练习

1. 两点移动高吊左场区球路练习

两点移动高吊左场区球路练习见图4–3。甲在右后场正手吊直线至乙的左前场，乙挑直线至甲的右后场；甲回击直线高远球至乙的后场头顶区，乙回斜线高远球至甲的后场头顶区。甲在后场头顶区正手吊斜线至乙的左前场，乙挑斜线至甲的后场头顶区；甲回击斜线高远球至乙的后场头顶区，乙回直线高远球至甲的右后场。甲在完成后场两点移动的情况下重复完成两点移动高吊左场区球路练习，直到球落地为止。

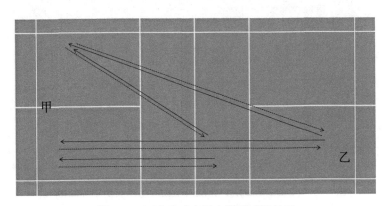

图4–3 两点移动高吊左场区球路练习

2. 两点移动高吊右场区球路练习

两点移动高吊右场区球路练习见图 4-4。甲在后场头顶区正手吊直线至乙的右前场，乙挑直线至甲的后场头顶区；甲回击直线高远球至乙的右后场，乙回斜线高远球至甲的右后场。甲在右后场正手吊斜线至乙的右前场，乙挑斜线至甲的右后场；甲回击斜线高远球至乙的右后场，乙回直线高远球至甲的后场头顶区。甲在完成后场两点移动的情况下重复完成两点移动高吊右场区球路练习，直到球落地为止。

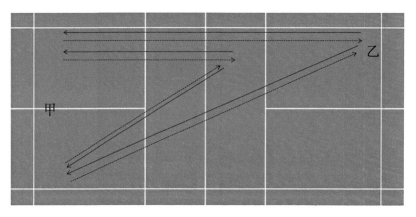

图 4-4 两点移动高吊右场区球路练习

3. 两点移动直线、斜线高吊左后场和右前场球路练习

两点移动直线、斜线高吊左后场和右前场球路练习见图 4-5。甲在右后场正手吊斜线至乙的右前场，乙挑斜线至甲的右后场；甲回击直线高远球至乙的后场头顶区，乙回斜线高远球至甲的后场头顶区。甲在后场头顶区正手吊直线至乙的右前场，乙挑直线至甲的后场头顶区；甲回击斜线高远球至乙的后场头顶区，乙回击直线高远球至甲的右后场。

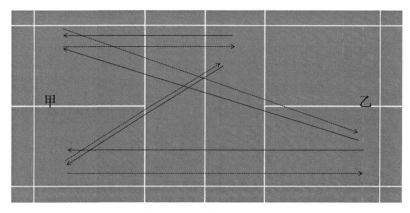

图 4-5 两点移动直线、斜线高吊左后场和右前场球路练习

甲在完成后场两点移动的情况下重复完成两点移动直线、斜线高吊左后场和右前场球路练习，直到球落地为止。

4. 两点移动直线、斜线高吊左前场和右后场球路练习

两点移动直线、斜线高吊左前场和右后场球路练习见图4-6。甲在右后场正手吊直线至乙的左前场，乙挑直线至甲的右后场；甲回击斜线高远球至乙的右后场，乙回直线高远球至甲的后场头顶区。甲在后场头顶区正手吊斜线至乙的左前场，乙挑斜线至甲的后场头顶区；甲回击直线高远球至乙的右后场，乙回斜线高远球至甲的右后场。甲在完成后场两点移动的情况下重复完成两点移动直线、斜线高吊左前场和右后场球路练习，直到球落地为止。

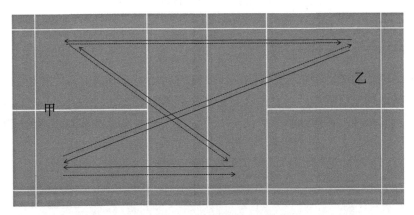

图4-6 两点移动直线、斜线高吊左前场和右后场球路练习

5. 两点打四点球路练习

两点打四点球路练习要求甲在后场头顶区及右后场的两点上进行不固定球路的正手直线、斜线高远球，以及直线、斜线吊球练习；乙在前场的两点、后场的两点上将球回击至甲后场的两点上。

高远球与吊球的结合使用，可以有效调动对方跑动，消耗对方的体力，运动员可借此抓住对方回球不到位的时机和空当进行突击，为进攻、赢球创造机会。

二、高杀球路练习

（一）直线高远球杀直线球路练习

直线高远球杀直线球路练习见图4-7。甲在后场正手击直线高远球至乙的后场，乙回击高远球至甲的后场；甲在后场杀直线，乙接杀球，挑到甲的后场。甲在基本不移动站位的情况下重复完成直线高远球杀直线球路练习，直到球落地为止。

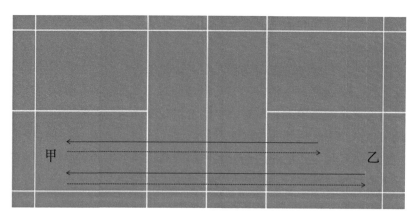

图 4-7　直线高远球杀直线球路练习

（二）直线高远球杀斜线球路练习

直线高远球杀斜线球路练习见图 4-8。甲在右后场击直线高远球至乙的后场头顶区，乙回击直线高远球至甲的右后场；甲在右后场杀斜线至乙的正手位边线，乙接杀球，挑到甲的右后场。甲在基本不移动站位的情况下重复进行直线高远球杀斜线球路练习。

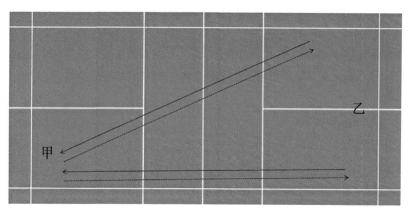

图 4-8　直线高远球杀斜线球路练习

头顶区的球路练习与之类似。甲在后场头顶区正手击高远球至乙的右后场，乙回击高远球至甲的后场头顶区；甲在后场头顶区杀斜线至乙的反手位边线，乙接杀球，挑到甲的后场头顶区。甲在基本不移动站位的情况下重复进行直线高远球杀斜线球路练习。

（三）斜线高远球杀直线球路练习

斜线高远球杀直线球路练习见图 4-9。甲在右后场击斜线高远球至乙的右后场，乙回击斜线高远球至甲的右后场；甲在右后场杀直线至乙的反手位边线，乙接杀球，挑到甲的右后场。甲在基本不移动站位的情况下重复进行斜线高远球杀直线球路练习。

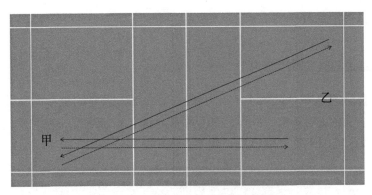

图 4-9　斜线高远球杀直线球路练习

头顶区的球路练习与之类似。甲在后场头顶区正手击斜线高远球至乙的后场头顶区，乙回击斜线高远球至甲的后场头顶区；甲在后场头顶区杀直线至乙的正手位边线，乙接杀球，挑到甲的后场头顶区。甲在基本不移动站位的情况下重复进行斜线高远球杀直线球路练习。

（四）斜线高远球杀斜线球路练习

斜线高远球杀斜线球路练习见图 4-10。甲在右后场击斜线高远球至乙的右后场，乙回击斜线高远球至甲的右后场；甲在右后场杀斜线至乙的正手位边线，乙接杀球，挑到甲的右后场。甲在基本不移动站位的情况下重复进行斜线高远球杀斜线球路练习。

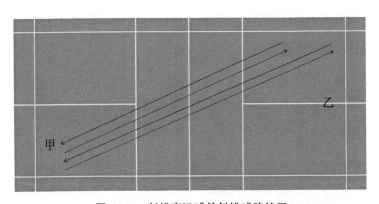

图 4-10　斜线高远球杀斜线球路练习

头顶区的球路练习与之类似。甲在后场头顶区正手击斜线高远球至乙的后场头顶区，乙回击斜线高远球至甲的后场头顶区；甲在后场头顶区杀斜线至乙的反手位边线，乙接杀球，挑到甲的后场头顶区。甲在基本不移动站位的情况下重复进行斜线高远球杀斜线球路练习。

三、吊杀球路练习

（一）吊直线杀直线球路练习

吊直线杀直线球路练习见图4-11。甲在右后场正手吊直线至乙的左前场，乙挑直线至甲的右后场；甲在右后场杀直线至乙的反手位边线，乙接杀球，挑到甲的右后场。甲在基本不移动站位的情况下重复进行吊直线杀直线球路练习。

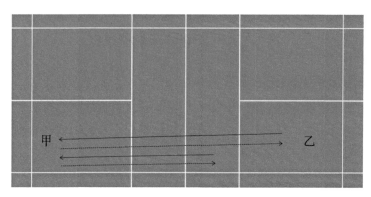

图4-11　吊直线杀直线球路练习

头顶区的球路练习与之类似。甲在后场头顶区正手吊直线至乙的右前场，乙挑直线至甲的后场头顶区；甲在后场头顶区杀直线至乙的正手位边线，乙接杀球，挑到甲的后场头顶区。甲在基本不移动站位的情况下重复进行吊直线杀直线球路练习。

（二）吊直线杀斜线球路练习

吊直线杀斜线球路练习见图4-12。甲在右后场正手吊直线至乙的左前场，乙挑直线至甲的右后场；甲在右后场杀斜线至乙的正手位边线，乙接杀球，挑到甲的右后场。甲在基本不移动站位的情况下重复进行吊直线杀斜线球路练习。

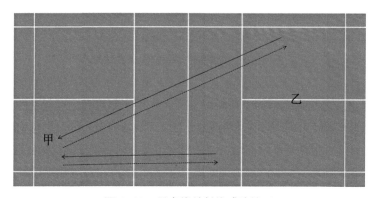

图4-12　吊直线杀斜线球路练习

头顶区的球路练习与之类似。甲在后场头顶区正手吊直线至乙的右前场，乙挑直线至甲的后场头顶区；甲在后场头顶区杀斜线至乙的反手位边线，乙接杀球，挑到甲的后场头顶区。甲在基本不移动站位的情况下重复进行吊直线杀斜线球路练习。

（三）吊斜线杀直线球路练习

吊斜线杀直线球路练习见图 4-13。甲在右后场正手吊斜线至乙的右前场，乙挑斜线至甲的右后场；甲在右后场杀直线至乙的反手位边线，乙接杀球，挑到甲的右后场。甲在基本不移动站位的情况下重复进行吊斜线杀直线球路练习。

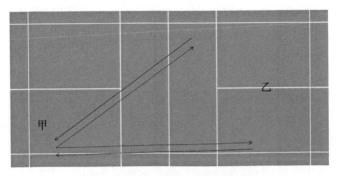

图 4-13 吊斜线杀直线球路练习

头顶区的球路练习与之类似。甲在后场头顶区正手吊斜线至乙的左前场，乙挑斜线至甲的后场头顶区；甲在后场头顶区杀直线至乙的正手位边线，乙接杀球，挑到甲的后场头顶区。甲在基本不移动站位的情况下重复进行吊斜线杀直线球路练习。

（四）吊斜线杀斜线球路练习

吊斜线杀斜线球路练习见图 4-14。甲在右后场正手吊斜线至乙的右前场，乙挑斜线至甲的右后场；甲在右后场杀斜线至乙的正手位边线，乙接杀球，挑到甲的右后场。甲在基本不移动站位的情况下重复进行吊斜线杀斜线球路练习。

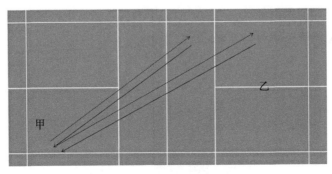

图 4-14 吊斜线杀斜线球路练习

头顶区的球路练习与之类似。甲在后场头顶区正手吊斜线至乙的左前场，乙挑斜线至甲的后场头顶区；甲在后场头顶区杀斜线至乙的反手位边线，乙接杀球，挑到甲的后场头顶区。甲在基本不移动站位的情况下重复进行吊斜线杀斜线球路练习。

四、杀上网球路练习

（一）直线高远球杀直线上网球路练习

直线高远球杀直线上网球路练习见图4-15。甲在后场正手击直线高远球至乙的后场，乙回击直线高远球至甲的后场；甲在后场杀直线，乙接杀球软挡至网前，甲上网回击网前球，乙挑球至甲的后场。甲在移动的情况下重复进行直线高远球杀直线上网球路练习，直到球落地为止。

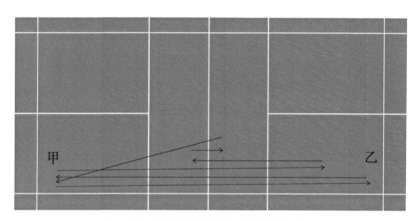

图4-15　直线高远球杀直线上网球路练习

（二）直线高远球杀斜线上网球路练习

直线高远球杀斜线上网球路练习见图4-16。甲在右后场击直线高远球至乙的后场头顶区，乙回击直线高远球至甲的右后场；甲在右后场杀斜线至乙的正手位边线，乙接杀球软挡至网前，甲上网回击网前球，乙挑斜线至甲的右后场。甲在移动的情况下重复进行直线高远球杀斜线上网球路练习，直到球落地为止。

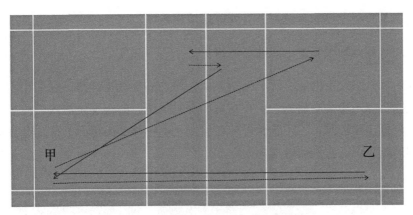

图 4-16 直线高远球杀斜线上网球路练习

头顶区的球路练习与之类似。甲在后场头顶区正手击直线高远球至乙的右后场，乙回击直线高远球至甲的后场头顶区；甲在后场头顶区杀斜线至乙的反手位边线，乙接杀球软挡至网前，甲上网回击网前球，乙挑斜线至甲的后场头顶区。甲在移动的情况下重复进行直线高远球杀斜线上网球路练习，直到球落地为止。

（三）斜线高远球杀直线上网球路练习

斜线高远球杀直线上网球路练习见图 4-17。甲在右后场击斜线高远球至乙的右后场，乙回击斜线高远球至甲的右后场；甲在右后场杀直线至乙的反手位边线，乙接杀球软挡至网前，甲上网回击网前球，乙挑球至甲的右后场。甲在移动的情况下重复进行斜线高远球杀直线上网球路练习，直到球落地为止。

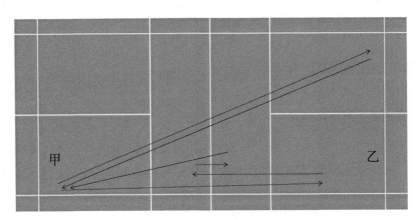

图 4-17 斜线高远球杀直线上网球路练习

头顶区的球路练习与之类似。甲在后场头顶区正手击斜线高远球至乙的后场头顶区，乙回击斜线高远球至甲的后场头顶区；甲在后场头顶区杀直线至乙的正手位边线，乙接杀球软挡至网前，甲上网回击网前球，乙挑球至甲的后场头顶区。甲在移动的情况下重复进行斜线高远球杀直线上网球路练习，直到球落地为止。

（四）斜线高远球杀斜线上网球路练习

斜线高远球杀斜线上网球路练习见图4-18。甲在右后场击斜线高远球至乙的右后场，乙回击斜线高远球至甲的右后场；甲在右后场杀斜线至乙的正手位边线，乙接杀球软挡至网前，甲上网回击网前球，乙挑球至甲的右后场。甲在移动的情况下重复进行斜线高远球杀斜线上网球路练习，直到球落地为止。

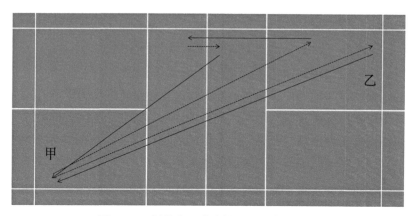

图4-18 斜线高远球杀斜线上网球路练习

头顶区的球路练习与之类似。甲在后场头顶区正手击斜线高远球至乙的后场头顶区，乙回击斜线高远球至甲的后场头顶区；甲在后场头顶区杀斜线至乙的反手位边线，乙接杀球软挡至网前，甲上网回击网前球，乙挑球至甲的后场头顶区。甲在移动的情况下重复进行斜线高远球杀斜线上网球路练习，直到球落地为止。

五、吊上网球路练习

（一）直线吊上网球路练习

直线吊上网球路练习见图4-19。甲在后场正手吊直线至网前，乙放网前球，甲上网回放网前球，乙挑球至甲的后场。甲在移动的情况下重复进行直线吊上网球路练习，直到球落地为止。

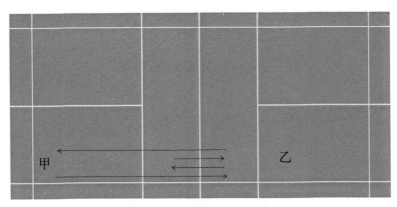

图 4-19 直线吊上网球路练习

（二）斜线吊上网球路练习

斜线吊上网球路练习见图 4-20。甲在右后场正手吊斜线至乙的右前场，乙放网前球，甲上网回放网前球，乙挑球至甲的右后场。甲在移动的情况下重复进行斜线吊上网球路练习，直到球落地为止。

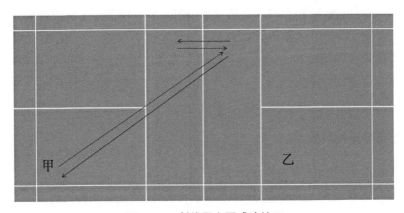

图 4-20 斜线吊上网球路练习

头顶区的球路练习与之类似。甲在后场头顶区正手吊斜线至乙的左前场，乙放网前球，甲上网回放网前球，乙挑球至甲的后场头顶区。甲在移动的情况下重复进行斜线吊上网球路练习，直到球落地为止。

（三）半固定吊上网球路练习

半固定吊上网球路练习见图 4-21。甲在后场正手吊直线至网前，乙放网前球，甲上网挑直线球至乙的后场；乙在后场正手吊球至网前，甲放网前球，乙上网挑斜线至甲的后场。甲、乙二人在移动的情况下重复完成半固定吊上网球路练习，直到球落地为止。

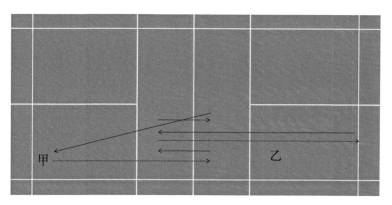

图 4-21　半固定吊上网球路练习

第三节　单打战术

一、发球抢攻战术

发球抢攻战术是羽毛球比赛中重要的得分手段，运动员可根据对方的站位、回球习惯、反击能力、打法特点、精神和心理状态等，运用不同的发球方法，以取得前几拍的主动权。运用这一战术，能打乱对方的整个战略部署，让对方措手不及。特别是在比赛的关键时刻，运用发球抢攻战术往往能收到不同的比赛效果，如相持时可以用它来打破僵持的局面，争取主动；领先时可以用它乘胜追击，一鼓作气取得胜利；落后时可以用它力挽狂澜，反败为胜。

（一）发前场球抢攻战术

发前场球抢攻战术的目的主要是限制对方快速发起攻击，以及预判对方的回击球路，从而组织和发动快速抢攻。如果顺利完成抢攻，那么运动员可直接得分或获得第二次攻击的机会。

（二）发平高球抢攻战术

发平高球抢攻战术和发前场球抢攻战术的不同点在于通过后者运动员可直接抓住机会进行抢攻，而执行发平高球抢攻战术时，运动员只有通过守中反攻的手段才能获得抢攻的机会。

（三）发平快球抢攻战术

执行发平快球抢攻战术时的发球区域见图 4-22。发平快球抢攻战术主要是指运动员往对方 3 号区发平快球。发平快球抢攻战术的目的主要是偷袭，因为 3 号区一般是对方的反手区，如果对方反应较慢或站位靠边线，那么运动员偷袭 3 号区的成功率就会比较高。

此外，使用发平快球抢攻战术可以逼迫对方采用平抽快挡的打法，或是将对方逼至后场而使其网前出现空当。

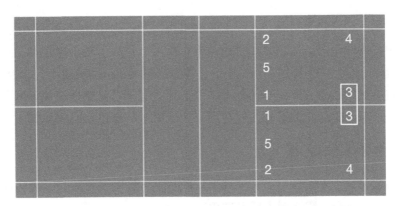

图 4-22　执行发平快球抢攻战术时的发球区域

二、接发球抢攻战术

接发球抢攻战术是接发球战术中最有威胁的一种，但是，使用该战术的前提是对方的发球质量欠佳。如发高远球时落点不到位；发前场球时球远高于球网；发平快球时球速过慢，击球角度不佳；发平高球时击球节奏、球的落点和飞行弧线不佳等。对方的这些失误都会给运动员创造接发球抢攻机会。如果离开了这一前提条件而盲目进行接发球抢攻，那么接发球抢攻效果就会很差，成功率就会很低。除此以外，运动员还要有接发球抢攻意识。要想使接发球抢攻战术获得成功，运动员还必须根据自己的技术特点和身体条件，并结合对方的技术特点、身体条件和心理素质进行综合考虑。

接发球抢攻战术的完成大都要经过两三拍抢攻球路的组织才能奏效。所以，一旦发动接发球抢攻，运动员就要加快移动速度，扩大控制范围，抓住对方的弱点或习惯路线一攻到底，一气呵成地完成整个接发球抢攻。

三、单一技术的进攻战术

（一）重复平高球进攻战术

这种战术的特点是重复发平高球进攻对方的某个场区，甚至可以重复数拍，以置对方于"死"地，或迫使对方击出一个半场高球，以利于本方发起最后一击。这种战术在应对回动上网速度快、控制底线能力差，以及侧身后退步法差的对手时很有效。

（二）拉开两边平高球进攻战术

这种战术的特点是使用平高球或挑球连续攻击对方场区的底线两角，以求获得主动权，或迫使对方采用被动战术，以利于本方发起最后一击。

（三）重杀与轻杀的进攻战术

"半场重杀，后场轻杀"是对这一战术的直观概括。当运动员通过拉吊使对方击出半场球（打到中场的球）时，应该采用重杀战术；反之，球在后场，但运动员还想杀球时，一般用轻杀战术。因为在半场用重杀，哪怕身体失去平衡，运动员也不至于控制不了网前。但是，如果在后场用重杀，万一身体失去平衡，那么运动员就难以快速上网，从而难以控制网前。而轻杀不会破坏身体平衡，这有利于运动员下一步控制网前。

（四）重复搓球进攻战术

对于那些在对方上网搓球后习惯快速退后的对手，运动员可采用重复搓球进攻战术，以获得主动进攻的机会，阻止对方后退进攻。

（五）重复推球进攻战术

对于那些在对方从后场启动、拦网前球后会迅速回动至中心位置的对手，运动员可采用重复推球进攻战术。其中，反手网前推直线球对对方的威胁更大。

（六）两边勾球进攻战术

如果运动员从网前勾对角网前球，而对方回搓直线网前球并退后想进攻，那么运动员可以再勾一个对角线球。这一战术在对付转体能力差的对手时更有效。

以上所介绍的主要是各种技术重复使用的进攻战术。要想运用好上述进攻战术，运动员首先要练好基本功，然后根据比赛的实际情况选取某一单一技术的重复进攻战术，以取得更好的战术效果。

四、组合技术的进攻战术

（一）以平高球开始组织进攻的战术

所谓"快拉快吊结合突击"的打法，包括平高球结合突击战术、平高球结合劈吊战术和平高球结合杀吊战术，这些实际上都是以平高球开始组织进攻的战术。在单打比赛中，对一个球的争夺过程一般可分为三个阶段，即控制与反控制阶段、主动一击阶段以及最后致命一击阶段。

采用以平高球开始组织进攻的战术，必须考虑如下几个条件：首先，运动员要具备较好的平高球控制能力，并且具有一定的防守能力；其次，对方的后场进攻能力不强，即对方不是一个抢攻型运动员；最后，对方对步法的掌握不扎实，运动员可以通过高吊技术控制对方。上述条件必须同时具备，否则运动员将难以取得比较满意的战术效果。

（二）吊杀控制网前进攻战术（以吊劈开始组织进攻的战术）

吊杀控制网前进攻战术就是以吊劈开始组织进攻的战术，它包括吊上网搓创造突击进攻战术、吊上网推创造突击进攻战术、吊上网勾创造突击进攻战术、吊杀进攻战术等。采用这种战术的条件如下：第一，运动员要具备较好的吊球或劈吊技术；第二，对方的上网能力较弱。如果对方的后场进攻能力很强，为了不让对方发挥优势，运动员也可采用这种战术。

（三）以杀劈开始组织进攻的战术

以杀劈开始组织进攻的战术是抢攻型运动员的典型战术，也是一种极具威胁的战术。采用这种战术要求运动员具备良好的速度耐力、较好的杀劈上网控制网前的技术和步法。这一战术的特点是以快速杀劈上网搓球、推球、勾球或扑球控制网前球，创造第二次杀劈机会。

（四）以控制网前球开始组织进攻的战术

如果对方常发网前球，那么运动员要想组织进攻就必须从控制网前球开始。以控制网前球开始组织进攻的战术既要求运动员能熟练使用上网步法，又要求运动员的搓、推、勾、扑技术具有较强的一致性。有了这两点，运动员才能有效地执行这一战术。以控制网前球开始组织进攻的战术包括搓扑进攻战术、推杀进攻战术、勾扑进攻战术、扑杀进攻战术等。

（五）根据路线和区域组织的进攻战术

1. 对角路线的进攻战术

对角路线的进攻战术要求无论采用什么战术，运动员都应以回击对角路线为原则来组织进攻。特别是在对方打直线球时，运动员以对角路线回击，对转体能力差的对手而言是一种很有效的进攻战术。当然，采用这种战术时不能太死板，一旦对方发现规律，容易产生不利于自己的局面。

2. 三角路线的进攻战术

采用这种战术的原则就是如果对方回击直线球，运动员就打对角线球；反之，如果对方回击对角线球，运动员就打直线球。这种战术的特点是尽可能使对方的移动距离最远。如果运动员能准确判断对方的回球路线，那么三角路线的进攻战术就会更有效。

3. 攻后场反手区进攻战术

如果对方在后场反手区有较大的技术弱点，如侧身步法差、反手击球技术差、头顶区球路死板等，那就意味着他在此区域无法回出有太大威胁的球，运动员采用攻后场反手区进攻战术的成功率会比较高。

4. 攻后场正手区进攻战术

如果对方在后场正手区有较大的技术弱点，如侧身步法差、正手击球技术差、正手区球路死板等，那就意味着他在此区域无法回出有太大威胁的球，运动员采用攻后场正手区进攻战术的效果就会较好。

5. 攻后场两边的进攻战术

如果对方在后场两边有较大的技术弱点，如后退步法慢、后场手法差、进攻能力和防守能力较弱等，那么运动员采用攻后场两边的进攻战术，重复压对方底线两角的效果会较好。

6. 攻前场进攻战术

如果对方在前场有较大的技术弱点，如上网速度慢、步法不熟练、前场手法差等，那就意味着他在此区域无法回出威胁较大的球，运动员采用攻前场进攻战术的效果就会较好。

五、单打防守战术

单打防守战术的原则是"积极防守，守中反攻"，而不是"消极防守"。运动员在被动防守的局面下，应通过调整战术来化解对方的攻势、夺回失去的主动权，这就要求运动员具备较好的防守能力，如较好的回击后场高远球能力及启动快、反应快、步法移动到位的能力等。

（一）打两底线高远球的防守战术

打两底线平高球属于进攻战术，而打两底线高远球属于防守战术，二者在使用上一定不能混淆。防守时只能使用高远球，如用平高球去防守，不仅不能达到很好的防守效果，反而增加了防守的难度；反之，不能用高远球去进攻。

（二）勾对角网前球结合挡直线网前球的防守战术

在防守中采用勾对角网前球战术是很有效果的，如再结合挡直线网前球，就可使防守战术更加灵活多变，甚至化被动为主动，实现守中反攻的目的。当然，这需要运动员准确判断对方的进攻意图，反应迅速，快速到位，并配合灵活多变的手法。

以上介绍的是羽毛球单打的进攻与防守战术，战术和球路是千变万化的，运动员应根据自己、对手以及临场的具体情况，采用更切合实际的战术，不能生搬硬套，要灵活运用。

第四节　双打战术

与单打比赛相比，双打比赛中每方增加一名运动员，而场地宽度仅增加 92 厘米，发球区还比单打比赛的发球区缩短了 76 厘米。因此，双打比赛从发球开始就会形成短兵相接的局面。由于双打比赛对运动员进攻和防守能力的要求都提高了，所以运动员要技术全面、能攻善守、反应敏捷。双打比赛在发球、接发球、平抽挡、封网、扑、连续进攻及防守反击等诸多技术上都对运动员提出了更高的要求。两名运动员要默契配合、相互信任，打法上攻守衔接及站位轮转要协调一致，这是打好双打比赛的关键。因此，双打战术首先必须坚持"以我为主，以快为主，以攻为主"的指导思想。

一、双打比赛中不同站位的打法

双打打法是根据竞技双方的技术水平、身体素质、心理素质以及队友间的配合习惯，经过长期训练而形成的。根据双打比赛中的站位，常见的双打打法大致有以下三种。

（一）前后站位打法

此打法一般在本方发球时使用。发球运动员的站位靠前，他在发球后立即举拍封堵前场，而另一名运动员则负责处理中场或后场的各种来球。使用前后站位打法，运动员可充分运用快攻压网前搓、吊、推、扑技术，寻找空当，一举打乱对方的节奏；或通过后攻前封，在后场连续大力扣杀，在前场积极封堵，当回球出现在球网附近时，做到一击制胜。

（二）左右站位打法

此打法一般在本方处于接发球状态和受到下压进攻时使用。如果对方发来的球或打来的平高球处于后场，那么本方可从原来的前后站位立刻转换为左右站位，两名运动员分别负责左右半场的防守，以平抽、平打压住对方后场的底线两角，如果对方扣杀球，他们也能以平抽反击或挑高远球至底线两角的方式，削弱对方回球的力量，再一举扣杀或吊球。

（三）轮转站位打法

在双打比赛中，攻守双方总是根据比赛的情况不断变换站位。站位的变换通常有如下几种情形。

1. 发球或接发球时变换为左右站位

当对方回击高远球至本方后场一侧时，靠前的运动员要沿直线后退，靠后的运动员要看情况向侧边移动，变换为左右站位。

2. 发球或接发球时变换为前后站位

在发球后或在对击过程中，一旦有机会进行下压进攻，一名运动员就要快速上网封堵，另一名运动员则要快速移动到后场进行大力扣球、吊球或杀球，使对方陷入被动局面。

二、双打进攻战术

（一）攻人战术（二打一战术）

攻人战术又称二打一战术，是双打比赛中常用的一种战术，要求将对方的一名运动员作为攻击目标。在对付两名技术水平不一的对手，尤其是其中一名的防守能力或心理素质较差，失误率较高，防守时球路单调时，那么本方就可以采用这种战术，把球攻到实力较弱的运动员这边。这种战术体现了"集中优势兵力，打歼灭仗"的原则。此外，这项战术有利于打乱对方的防守站位，未被作为攻击目标的运动员，由于没球可打，慢慢向队友移动，造成站位上出现空当，这有利于本方突击另一边线。最后，这有利于挑起对方运动员之间的矛盾，使他们产生嫌隙。

（二）攻区域战术

1. 攻中路战术

（1）守方保持左右站位，攻方将球打在守方运动员的中间。这种战术可以造成守方运动员抢着接球或同时让球，致使配合出现问题；限制守方在接杀球时挑大角度高球；有利于攻方封网。

（2）守方保持前后站位，攻方将球下压或轻推到半场边线处。这种战术多半是在接发网前球和守中反攻抢网时使用。使用这种战术，位于前场的守方运动员拦不到球，位于后场的运动员只能下手击球放网或挑高球，这样后场底线两角便会露出很大的空当，让攻方有机可乘。

2. 攻直线战术

攻直线战术是指杀球路线成直线，没有固定的目标，运动员仅依靠杀球的力量和落点来得分。攻直线战术包括杀直线小对角战术，杀边线战术，边攻边、中攻中战术。

（1）杀直线小对角战术：在获得进攻机会时，攻方应该攻击守方的两边，而不应只攻一边，球的路线应为交叉路线。这项战术配合简单，易于封网，对应付左右摆臂能力较差的防守者效果较好，有利于攻方组织进攻，是女队常用的进攻战术。

（2）杀边线战术：此战术是指运动员在进攻时有目的地将球杀到边线的落点上。此战术可用于对付防守能力差的运动员，杀边线球的落点离对方的身体较远，所以该战术不利于守方反抽或挑底线球，但有利于攻方的网前运动员进行封网。

（3）边攻边、中攻中战术：这种战术属于混合战术，即攻边线战术和攻中路战术的组合战术。如果对方的来球靠近两边边线，那么运动员就向两边边线进攻；如果对方的来球在场区中间，那么运动员就向中路进攻。这种混合战术比较容易记住和贯彻，而且不易被对方识破。

3. 杀大对角战术

此战术是指不论球在左场区还是右场区，运动员都可以采用杀大对角的球路进攻，使球落在对角线区的边线上。这种战术可以制造快速连续杀球的有利形势，但这需要具备一定的条件，那就是攻方的两位运动员都要有一定的杀球力量，如果杀球力量小，那么采用这种战术往往不易成功，所以这一战术只能作为一种突击运用的配合战术。

4. 攻后场战术

攻后场战术常用来对付后场扣杀能力较差的对手，如能将守方实力较弱者调动到后场也可以使用。此战术多要求攻方通过平高球、平推球、挑底线技术，把守方中的一位运动员紧逼在底线，使其在底线两角移动击球，待其击出半场高球或网前高球时再大力扣杀，以取得胜利或占据主动。如果在逼底线两角时，未被作为目标的运动员后退支援，则攻方可攻击网前空当或打后退者的追身球。

（三）战术组合

1. 一人攻直线，一人攻对角战术

如果攻方中一名运动员的后场攻击能力弱但网前封网技术好，另一名运动员的情况则相反，那么为了让后场攻击能力弱者能始终在前场，往往会采用这种战术组合。这种战术组合有利于发挥攻方进攻队形的威力，而且战术意图不易被守方发觉。

2. 攻直线结合攻中路战术

这种战术组合包括攻直线小对角结合攻中路战术、攻右肩结合攻中路战术等，有利于攻方网前运动员进行封网。该战术组合容易贯彻且富于变化。

3. 杀球结合吊球战术

这种战术组合可简称为"杀吊战术"或"吊杀战术"，但运动员是先杀后吊还是先吊后杀，抑或是杀杀吊，还是吊吊杀，均要视双方的实际情况而定。当然，该战术组合的关键在于吊球质量要好，杀吊技术要具有较高的动作一致性，这样才能打乱守方的防守阵脚，为攻方再次组织进攻创造机会。

4. 短杀结合长杀、轻杀结合重杀战术

这种战术组合表现为杀球技术的变化。短杀时球速快、落点近网，守方只有迅速向前移动才能防守。当守方向前移动挑球后，攻方应马上扣杀一个长球。长球是指弧线曲度较小的扣球，回击难度较大，容易造成守方的防守失误。当进行连续重杀时，攻方可结合一个轻杀，使球速减慢，这时，如果守方保持和前几拍一样的防守动作，那么必然会因出手太快而出现防守失误。

5. 攻弱点战术

这种战术运用比较广泛，是针对守方在技术、思想、心理、配合上的弱点进行攻击的战术。攻人战术、攻右肩战术等均属于这一战术。

6. 后攻前封战术

攻方后场运动员大力扣杀，创造进攻机会，在守方接杀放网、挑高球或企图反击抽球时，攻方前场运动员以扑、搓、勾、推技术控制网前，或拦截吊、点封住前场，使整个进攻连贯且富于变化，让守方防不胜防。

三、双打防守战术

（一）调整站位的战术考量

为了摆脱被动局面，伺机反攻，守方首先要调整好防守时的站位。如果是网前挑高球，那么运动员应该沿直线后退，而切忌沿对角线后退。沿直线后退的路线短，站位调整快，而沿对角线后退的路线长，容易被对方打追身球。另一名运动员应根据队友的移动情况补到空当处。双打防守站位调整的基本原则是一名运动员在跑动击球时，另一名运动员要根据队友的移动情况填补空当。

（二）防守球路的战术考量

（1）攻方杀球运动员和封网运动员在同一半场，且前后站立、位于一条直线上时，接杀球应还击到另一半场的前场或后场。

（2）攻方杀球运动员和封网运动员在前后对角位上时，接杀球应还击到杀球运动员的网前或封网运动员的后场。

（3）攻方杀球运动员杀对角后，另一名运动员想要退到后场去助攻时，接杀球应还击到网前中路。

（4）面对攻方杀来的直线球，守方应挑对角回击，而面对杀来的对角球，守方应挑直线，以调动攻方杀球运动员跑动。

防守的方法还有许多，但防守的目的都是破坏攻方的进攻节奏和进攻势头。在攻方进攻势头减弱时，守方可采用平抽或蹲挡。若攻方的站位出现空当，守方可抓住战机，转守为攻。

（三）挑两底线平高球战术

这是一种比较简单的战术，即不论攻方从哪里进攻，守方都要将球挑到对方的后场。若攻方攻直线，那守方就挑对角，若攻方攻对角，那守方就挑直线。这一战术能充分调动攻方移动，如果攻方的移动速度过慢，那攻方就无法保持进攻状态，若攻方盲目进攻，那守方的反攻优势就会更加明显。

（四）挡勾网前逼近战术

当遇到后场两边进攻能力很强的对手时，守方若挑两边底线球，则无法获得主动权，应采用挡勾网前逼近战术。当然，守方既可以从第一拍就开始采用挡勾网前逼近战术，也可以先过渡一两拍，随后转入挡勾网前逼近战术。总之，守方要回击网前球以避开攻方在后场展开的强有力的进攻。这一战术往往是为了争夺进攻权而采用，对应付网前扑、推技术和转体不灵活的对手尤为有效。

（五）反抽跟进战术

当发现攻方的网前封网技术较差，封网站位又离网太近时，守方可采用反抽跟进战术（反抽后跟进，发起进攻）转守为攻。

（六）反拉对角平高球战术

这个战术的特点是在处于被动局面时，守方一定要把球先打到攻方的右后场，使攻方从右后场进攻，然后再挑对角平高球到攻方的左后场。这是一种容易争得主动权的防守战术，特别是在女子双打比赛中，该战术的效果更加明显。

（七）挑对角平球，结合直线方位防守或反击直线战术

处于被动局面时，守方要打出越过攻方网前封网运动员的平球，其弧线曲度比平高球小，能使攻方的进攻运动员无法杀对角线，只能杀直线，而且球路不能压得太低。这一战术有利于在直线方位的运动员采用半蹲防守或反击直线，其威胁性较大。

（八）打漏洞战术

守方首先要观察攻方采用哪一种进攻方式、哪一种轮转法，只有掌握了攻方的进攻规律，守方才能发现哪里有漏洞，从而有意识地把球打到攻方的漏洞位置，争得主动权。

四、双打比赛中的应变问题

（一）在主动进攻时应注意的几个应变问题

（1）不能一味地杀球而忘记结合吊劈技术。
（2）不能只知用力重杀，而忘了点杀和轻杀。
（3）不能只杀一条路线，而忘了杀小对角和边线。
（4）杀球时不要只盯一点，而忘了长杀、半杀和攻右肩技术的配合。
（5）杀球后不要忘记前后移动或左右移动跟进。
（6）进攻时要按既定战术杀球，不要随心所欲地乱杀，否则不利于网前的运动员进行封网。

（二）在防守时应注意的几个应变问题

（1）不要只会挑后场球，而忘了抽、挡、勾技术的结合。
（2）不要只挑一种球路和落点，而忘了通过挑直线、挑对角线，拉开攻方的跑动距离。
（3）进行反抽时，球的飞行弧度要小，速度要快，运动员还要结合勾对角技术。
（4）进行过渡防守时，球要走边线而不能过中路，以免被攻方封死。

（5）挑对角平球时，球的飞行路线一定要越过在前场进行封网的运动员。

（6）一定要克服打习惯球路的毛病。

（7）反抽后要跟进，挡勾后要逼网。

以上介绍的是羽毛球双打的进攻与防守战术，为了使战术发挥效果，运动员必须善于察言观色，及时发现对手的战术意图，并随机应变，采用各种应对战术，达到战胜对手的目的。在场上，运动员只有发扬敢打敢拼的比赛作风，才能使运用的战术取得应有的效果。

第五章
羽毛球专项身体素质训练

第一节　热身

　　羽毛球是一项较为剧烈的运动，运动员在比赛中经常需要完成大幅度的跨步、深蹲、手腕和手臂瞬间发力等动作。在没有充分热身，尤其是在冬天，环境较冷的情况下，运动员很容易出现肌肉拉伤、跟腱断裂等问题。因此，进行充分热身尤为重要，它能够激活身体肌肉，提高运动意识，使运动员更快地进入状态。在运动前进行专业、完整、高效的热身能够最大限度地避免因肌肉、韧带等部位损伤而引发的意外。本章将从关节活动度练习、动态拉伸、肌肉激活以及专项跑动四个方面来详细介绍羽毛球的热身。

一、关节活动度练习

　　关节活动度练习是恢复或增大关节活动度的一种训练，包括颈部拉伸，扩胸运动，髋关节活动，膝关节活动，手腕、踝关节活动，小腿后侧肌群及跟腱拉伸。

（一）颈部拉伸

　　颈部拉伸（图5-1～图5-4）的练习目的在于拉伸颈部，该练习要遵循"先下上，后左右"的原则。首先，双手轻压后脑勺，下巴靠近喉咙，保持该姿势10秒；然后，双手叠握抵住下巴，后脑勺靠近后背，保持该姿势10秒；接着，右臂绕过头顶轻压头部左侧，左肩下沉，保持该姿势10秒；最后，左臂绕过头顶轻压头部右侧，右肩下沉，保持该姿势10秒。

颈部拉伸是错误热身的"重灾区"，运动员要注意不能快速摆动颈部，以免损伤颈椎。注意，拉伸过程中主导发力的是肩部肌肉，而不是颈部肌肉。

图 5-1　颈部后侧拉伸　　　　　　　　　　　　图 5-2　颈部前侧拉伸

图 5-3　颈部左侧拉伸　　　　　　　　　　　　图 5-4　颈部右侧拉伸

（二）扩胸运动

双臂弯曲，抬至胸前，做屈臂后振（图5-5），随后双臂向两侧展开，做展臂后振（图5-6），重复练习。该运动可以有效拉伸肩部、胸部。注意，动作幅度应尽可能大。

图5-5 屈臂后振   图5-6 展臂后振

（三）髋关节活动

双臂弯曲，分别平举于胸前和身侧，右腿侧开立，见图5-7。在右腿向左斜前方提膝的同时右转身，带动双臂向右侧转动拉伸，见图5-8。随后还原至准备姿势，换另一侧（图5-9~图5-10）。重复动作练习，完成既定的练习次数。

图5-7 髋关节活动的准备姿势（右侧）   图5-8 右转身提膝

图 5-9　髋关节活动的准备姿势（左侧）　　　　　图 5-10　左转身提膝

（四）膝关节活动

膝关节的生理结构特性决定膝关节能做屈伸运动，而不能做收展运动，所以运动员应注意不要通过转动膝关节的方式对膝关节进行热身，这是很多初学者的一个思维误区，转动膝关节可能会引起膝关节损伤。

膝关节活动的正确做法是双脚并拢，下蹲，随后起立，通过挤压膝关节间隙的方式进行热身（图 5-11、图 5-12）。

图 5-11　下蹲　　　　　　　　　　　　图 5-12　起立

（五）手腕、踝关节活动

右侧手腕、踝关节正、反环绕各30秒，见图5-13。然后换另一侧，重复动作练习（图5-14）。打羽毛球时，踝关节往往会承受很大的压力，所以运动员一定要充分活动踝关节。运动员还可以通过压踝关节外侧韧带对踝关节进行激活。

图5-13 活动右侧手腕、踝关节　　　　图5-14 活动左侧手腕、踝关节

（六）小腿后侧肌群及跟腱拉伸

一条腿向前迈出，另一条腿向后撤步，双腿膝关节微屈，身体保持直立，后脚脚跟抬起随后向下踩（图5-15、图5-16）。重复该动作，从而拉伸后腿的小腿后侧肌群及跟腱。注意，在拉伸过程中，脚尖要向前，身体重心要下沉。

图5-15 抬起后脚脚跟　　　　图5-16 后脚脚跟踩实

二、动态拉伸

（一）抱膝上提

双手抱住一条腿的膝关节（也可放在膝关节下方），将膝关节尽量上提至胸前，挤压髋关节（图 5-17、图 5-18）。注意，只有把膝关节提到能到达的最高处，才能使髋关节得到最大程度地拉伸。

图 5-17　抱膝上提（右腿）　　　　图 5-18　抱膝上提（左腿）

（二）抱小腿上提

单腿盘起，双手抱住小腿往上提，该动作可以有效拉伸臀部肌肉（图 5-19、图 5-20）。

图 5-19　抱小腿上提（右腿）　　　　图 5-20　抱小腿上提（左腿）

（三）最伟大拉伸

以右侧拉伸为例，右脚跨出，左手撑地，右手在右脚和左手之间屈肘下压，随后身体右转，右臂顺势向外打开，右手上举，拉伸侧腰，最后两手撑地，右脚前脚掌抬起，顺势拉伸小腿后侧肌群（图5-21）。换另一侧，重复动作练习（图5-22）。

图 5-21 最伟大拉伸（右侧）

图 5-22 最伟大拉伸（左侧）

（四）舞蹈式

以右侧拉伸为例，左腿站立，右腿屈膝，右脚向后、向上抬起，右手抓住右脚脚背，左手向前方举起，以保持身体平衡，最大限度地拉伸大腿前侧肌群（图5-23）。换另一侧，重复动作练习（图5-24）。

图 5-23 舞蹈式（右侧拉伸）　　　　图 5-24 舞蹈式（左侧拉伸）

（五）虫爬

四肢撑地，首先固定双脚位置，双手尽可能向前移动，爬到最远处，随后核心收紧，双腿绷直前移，向双手靠近，以拉伸大腿、小腿后侧的肌群（图 5-25）。重复动作练习。

图 5-25 虫爬

三、肌肉激活

（一）肩背部肌肉激活

如果缺乏针对肩背部的训练，那么运动员在发力过程中将很难感受到肩背部肌肉的参与。为了更有效地使肩背部肌肉参与发力，运动员除了要了解肩背部肌肉的结构和相关动作，还要在训练开始前激活肩背部肌肉，使其处于一个相对兴奋的状态，这有利于运动员在正式的训练过程中感受肩背部肌肉的发力。

1. 俯身T字伸展

双脚开立与肩同宽，俯身站立，核心收紧，肩部下沉，双臂向身体两侧打开并尽量保持一条直线，双手握拳，拇指朝上，此时，双臂与上体呈现T字形（图5-26、图5-27）。稍作停顿后，双臂缓缓回落，还原为准备姿势。

图5-26　俯身T字伸展（正面）　　　　图5-27　俯身T字伸展（侧面）

2. 俯身Y字伸展

双脚开立与肩同宽，俯身站立，核心收紧，肩部下沉，双臂向头顶上方举起，此时双臂与上体呈现Y字形（图5-28、图5-29）。稍作停顿后，双臂缓缓回落，还原为准备姿势。注意，该练习要求背部发力带动双臂向上方抬起。

图 5-28　俯身 Y 字伸展（正面）　　　　图 5-29　俯身 Y 字伸展（侧面）

3. 俯身 W 字伸展

双脚开立与肩同宽，俯身站立，核心收紧，肩部下沉，双臂屈肘向身体两侧打开，此时，双臂与上体呈现 W 字形，双手握拳，拇指朝上，身体保持稳定（图 5-30、图 5-31）。背部发力带动双臂向上抬起，当抬至极限点时稍作停顿，运动员可感受到背部肌肉被挤压，随后收紧肩胛骨，双臂缓缓回落，还原为准备姿势。

图 5-30　俯身 W 字伸展（正面）　　　　图 5-31　俯身 W 字伸展（侧面）

（二）臀部肌肉激活

臀大肌是人体最大的肌肉，可以提供强大的力量输出，它也是连接人体上下肢动力链的枢纽，但由于人们不常锻炼臀部肌肉，所以臀部肌肉长时间处于休眠状态，在跑跳时往往是大腿肌肉代偿，这会损伤膝关节。所以，运动员在运动（尤其是做带有跑跳动作的运动）前必须激活臀部肌肉。

弹力带可以束缚腿部，限制其发力，从而增强臀部肌肉的主动发力，运动员可以在深蹲（图 5-32、图 5-33）、后踢腿（图 5-34、图 5-35）、横向移动、纵向移动等动作中选择 2 ~ 4 个动作，每个动作完成 10 ~ 15 次，重复练习 1 ~ 2 组。

图 5-32　弹力带深蹲（正面）　　　　图 5-33　弹力带深蹲（侧面）

图 5-34　弹力带后踢腿的准备姿势　　　　图 5-35　弹力带后踢腿

（三）核心肌群激活

核心肌群是指位于腹部前后、环绕着身躯、负责维持脊椎稳定的重要肌肉群，主要包括腹内外斜肌、竖脊肌、盆底肌、膈肌等。

激活核心肌群可以提高运动员整体的运动表现，为比赛中完成较高难度动作打下基础，有利于提高身体的稳定性和灵活性。

1.动态平板支撑

俯身，双臂屈肘，在肩部下方支撑身体，背部挺直，核心收紧，双腿分开、向后伸直，两脚间距约与肩宽相同，躯干呈一条直线。身体保持稳定，不要晃动，背部保持挺直，使身体处于平板支撑状态，然后伸直手臂（图5-36）。重复动作练习。在整个练习过程中，运动员要保持身体稳定，按自己的节奏匀速完成动作。

图 5-36　动态平板支撑

2.支撑交替前平举

俯身，双臂屈肘，在肩部下方支撑身体，背部挺直，核心收紧，双腿微微分开、向后伸直，身体保持稳定。随后，一只手臂保持屈肘撑地的姿势，肩部发力带动另一只手臂向前方举起，待上臂与躯干处于同一平面时稍作停顿，然后这只手臂慢慢回落。换另一侧练习（图5-37、图5-38）。

图 5-37　支撑交替前平举（右侧）

图 5-38　支撑交替前平举（左侧）

3. 臀桥

仰卧，双臂伸向身体两侧，手掌贴地，双腿屈膝分开，用脚跟作为支撑点，核心和臀部肌肉收紧，将腰部和臀部向上抬起，直至大腿和上体呈一条直线，稍作停顿后腰部和臀部缓慢回落，还原为准备姿势（图 5-39 ~ 图 5-41）。重复动作练习。

图 5-39　臀桥的准备姿势

图 5-40　反向支撑，抬起腰部和臀部

图 5-41　还原为准备姿势

四、专项跑动

专项跑动的主要目的是激活心肺和神经，提高运动员在场上的反应速度。下文主要介绍一些能够与羽毛球步法相结合的跑动方法。

（一）并步

并步是羽毛球的基本步法之一。在使用此步法时，运动员要同时移动双脚，迅速到达场区的不同位置。

（二）交叉步

交叉步是指距球较远的脚先朝来球方向跨出一大步，并从前面或后面超过另一只脚形成交叉状，另一只脚再向来球方向移出一步的步法。该步法多在来球距离身体较远的情况下使用。

（三）小密步

小密步要求运动员快速而频繁地进行小步移动，是一种用于调整位置和保持身体平衡的步法。用小密步进行移动有利于运动员根据对方的击球情况调整自己的击球位置。

（四）转髋步

转髋步是一种可以快速改变髋部方向的步法。运动员通过快速旋转髋部来调整身体的朝向，以便根据对方的击球情况调整自己的击球位置。

（五）两边蹲跨步

在前场或者中场陷入被动局面时，运动员往往会降低身体重心、跨步接球，进行两边蹲跨步练习可以有效增强下肢力量和稳定性。

静态拉伸和动态拉伸对体能的消耗都比较小，而专项跑动的主要效果是激活心肺和神经，以避免运动员在刚上场时无法适应比赛强度。

第二节　重心转换引导练习

初学者在场上经常要调整身体重心的位置，只有这样，才能迎击下一拍，但这会浪费时间。在打羽毛球时，身体重心要始终落于核心，这是控制身体重心的基本原则。

对身体重心的控制是羽毛球入门时很重要却易被忽略的一点。关于身体重心有以下几个注意点：第一，运动会改变身体重心的位置；第二，一旦身体重心超出支撑面，运动员就会摔倒；第三，提升重心控制能力，可使运动员更好地控制身体姿势，从而提高整体运动表现。

因此，运动员要在准备阶段就开始降低身体重心，可以采取双脚开立略宽于肩、前脚掌着地、踮起脚尖的姿势。注意，膝关节和踝关节要保持灵活，移动时身体重心要尽可能维持在同一水平面上，不能上下起伏。运动员在击球时，要根据实际需要调整步法和身体重心。

用启动步法时，身体重心要尽量落于右脚，如果运动员用左手持拍，那身体重心就要落于左脚。身体重心落于右脚时，身体会自然向前倾斜，这能为回击前场球积累势能。

羽毛球需要全身协调发力，腿部、腰腹、肩部的力量会沿动力链传导至手腕和手指。而协调发力时，重心转换是关键。只有控制好重心的转换，才能保证击球动作具有高度的一致性。

为了更好地理解重心转换以及全身协调发力，运动员可完成以下练习。

一、药球转体侧抛练习

目的：练习如何将脚部力量通过腿部、髋部、核心最终通过双臂传出，体会身体重心的自然移动。

要领：运动员拿起一个重量适宜的药球，侧对墙面站立，双脚开立与髋同宽，双手持球于腹前。注意，右手持拍的运动员应以身体左侧对着墙壁；左手持拍的运动员应以身体右侧对着墙壁。以右手持拍的运动员的药球转体侧抛练习为例，离墙较远的那条腿微微弯曲。屈膝屈髋，使身体重心落于右脚，然后右脚蹬转发力，带动膝关节、髋关节转向正前方，最后依靠臀部肌肉的爆发式收缩，带动双手将药球快速、有力地侧向抛出，即依靠下肢的力量带动上肢完成抛球（图5-42、图5-43）。注意，右脚蹬转发力时，力先从脚下依次向上传到踝关节、膝关节、髋关节，最终依靠臀部肌肉的爆发式收缩、核心收紧，带动双手快速抛球，身体重心自然移动。运动员要避免单纯依靠转腰和手臂发力完成侧抛球的动作，因为这样会造成上下肢力量的分解，身体重心在两腿之间无法移动。

图 5-42　药球转体侧抛练习（正面）

图 5-43　药球转体侧抛练习（侧面）

二、弹力带转体拉拽收腕练习

目的：使运动员熟悉正手发高远球时结合蹬、转、挥技术以及手腕闪动发力的本体感觉，掌握脚蹬地时的重心转换。

要领：采取正手发高远球的挥拍动作，双脚前后开立，通过蹬地转体、前臂外旋、展腕，拉动弹力带至"持拍手"同侧腿的前方，再完成前臂内旋、带动手腕收腕、拉拽弹力带（图5-44）。最后还原为准备姿势，反复进行练习。重点是体会身体重心在拉拽弹力带的过程中逐渐过渡到前脚上的本体感觉。注意，不要先拉拽弹力带后转体，也不要屈肘、端起手臂拉拽弹力带。

图 5-44 弹力带转体拉拽收腕练习

第三节 髋、臀、踝功能性练习

一、髋关节协调训练

在羽毛球比赛中，正手击球时往往需要髋关节外旋，反手击球时往往需要髋关节内旋，当髋关节内外旋的灵活性不够时，可能会导致运动员无法及时跑到位，进而无法击出高质量的回球，同时这也会增加其他关节的负担，增大损伤风险。

髋关节肌肉发力主要涉及屈髋肌群和伸髋肌群。其中，负责髋关节屈曲的肌肉一共有五块。第一块位于人体髋关节上方外侧，叫作阔筋膜张肌；第二块是大腿前侧的股直肌；第三块是缝匠肌。这三块肌肉在髋关节屈曲时负责使大腿与地面保持平行，在运动中发挥着重要作用。另外两块肌肉是腰大肌和髂肌，它们是羽毛球运动员需要重点发展的肌肉，能帮助运动员将大腿从与地面平行的位置抬至更高的位置。

运动员在发展屈髋肌群的力量时，首先需要明确运动表现差是因为屈髋肌群过度紧张，还是因为屈髋肌群无力。针对前者，运动员要先进行拉伸，再进行力量训练；而针对后者，运动员要避免过度拉伸，应先进行动态肌肉激活，在找到肌肉发力的感觉后，直接进行力量训练。

（一）猫式转髋

以四脚板凳式跪在地上，两手支撑在肩膀正下方，指尖指向前方，两膝打开与髋关节同宽，大腿与小腿及躯干成直角，躯干尽量与地面平行；将药球放在身体左侧，提左膝向左、向前画弧绕过药球，还原为准备姿势，锻炼髋关节（图5-45）。换另一侧，重复动作练习。

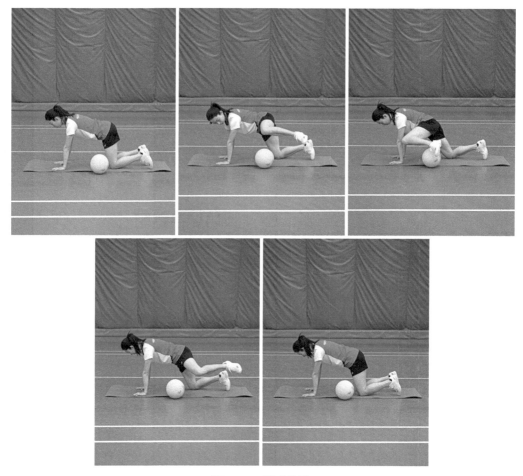

图5-45　猫式转髋

（二）坐姿抬腿

坐在椅子的边缘，将腿向前伸直，脚跟着地，然后腿伸直向上抬，使脚跟离地10～15厘米，让股四头肌持续收缩，保持3～5秒，然后缓慢把腿放下。可双腿同时进行，也可以单腿交替进行，每天练习5～10分钟（图5-46～图5-48）。

图 5-46 坐姿抬腿的准备姿势　　　图 5-47 坐姿抬腿　　　图 5-48 坐姿交替抬单侧腿

（三）高抬腿转髋跳

右腿屈膝外展，再水平内收，跨过左腿后落地，左腿蹬地跳起。随后左腿用同样的方式完成相同动作，两腿交替，连续不断向前移动（图 5-49、图 5-50）。在走到尽头后，右腿屈膝外展，然后向后方跨出，左腿完成相同的动作，向后移动返回起点。

图 5-49 高抬腿转髋跳（右侧）

图 5-50　高抬腿转髋跳（左侧）

二、臀部肌肉力量训练

（一）弹力带站姿腿外展

将弹力带的一端固定在球网支架的底部，另一端固定在左腿的踝关节上，身体侧对球网，右腿支撑，如果身体无法保持平衡，那么运动员可用右手扶住球网支架，左腿外展，外展的程度应根据运动员的能力而定，吸气，还原为准备姿势，重复 15～20 次（图 5-51、图 5-52）。换腿练习。

图 5-51　弹力带站姿腿外展的准备姿势　　　　图 5-52　弹力带站姿腿外展

（二）弹力带站姿后抬腿

将弹力带的一端固定在球网支架的底部，另一端固定在左腿的踝关节上，运动员面对球网站立，呼气时将腿向后、向上抬起，并保持该姿势1～2秒。吸气，还原为准备姿势，重复15～20次（图5-53、图5-54）。换腿练习。该练习可以有效锻炼臀大肌。

图5-53　弹力带站姿后抬腿的准备姿势　　　　　图5-54　弹力带站姿后抬腿

（三）弹力带跪姿后蹬腿

双手持弹力带两端撑地，两手间距与肩宽相同，两腿屈膝，跪在垫子上，将弹力带绕过左脚的脚底，左腿向后蹬伸，稍作停顿后回收，还原为准备姿势，重复15～20次（图5-55、图5-56）。换腿练习。注意，蹬伸时呼气，还原为准备姿势时吸气。

图5-55　弹力带跪姿后蹬腿的准备姿势　　　　　图5-56　弹力带跪姿后蹬腿

（四）弹力带侧跨步及前后移动

弹力带侧跨步的动作要领：保持深蹲姿势，左脚向左跨出一步，右脚跟进，还原为准备姿势，然后右脚向右跨出一步，左脚跟进，还原为准备姿势，重复动作练习（图5-57）。

图 5-57　弹力带侧跨步

弹力带前后移动的动作要领：保持深蹲姿势，右脚向前跨出一步，左脚跟进，还原为准备姿势，然后左脚向前跨出一步，右脚跟进，还原为准备姿势，重复动作练习（图5-58、图5-59）。

图 5-58　弹力带前后移动（正面）

图 5-59 弹力带前后移动（侧面）

（五）弹力带蚌式开合

　　侧卧于垫子上，左臂屈肘，支撑上体，弹力带固定在两腿的膝关节处，膝关节弯曲90度，核心收紧，骨盆垂直于地面，上侧腿的膝关节向上抬起，上侧腿慢慢打开至最大程度，随后膝关节缓慢回落，至双膝快要相触即可（图5-60）。

图 5-60 弹力带蚌式开合

三、踝关节力量训练

（一）平衡垫稳定性练习

在平衡垫上保持单脚站立，注意前脚掌要踩在平衡垫上，运动员可通过双手侧平举来控制身体，并用踝关节和核心的力量让自己在平衡垫上保持平衡（图5-61）。通常，保持该动作30秒为一组。运动员还可以保持双脚站立，站在一个平衡垫上，以半蹲的姿势保持平衡，从而模拟球场上的低重心打球姿势，该练习通常也是30秒为一组（图5-62）。

图5-61　平衡垫稳定性练习之一

图5-62　平衡垫稳定性练习之二

（二）提踵

双脚前脚掌踩在踏板或台阶上，运动员可通过双手前举来控制身体，也可扶住身边的器械架或楼梯扶手，身体始终垂直于地面，且保持稳定，然后脚跟慢慢回落，运动员应该在动作开始时就能感受到小腿肌群被拉伸。最后小腿发力做提踵动作，发力过程中身体始终保持稳定，动作完成时稍作停顿（图5-63）。

图5-63　提踵

（三）弹力带力量练习

将弹力带绕过脚底，固定在一端，训练脚对抗弹力带的阻力做内收动作的能力；将弹力带绕过脚底，固定在一端，训练脚对抗弹力带的阻力做外展动作的能力；将弹力带绕过脚背，固定在一端，训练脚对抗弹力带的阻力做勾脚动作的能力；将弹力带绕过脚底，固定在一端，训练脚对抗弹力带的阻力做绷脚动作的能力。每个动作保持3秒，然后还原为准备姿势，重复10次（图5-64）。进行简单的弹力带力量练习，可以加强足部内收肌群、外展肌群的力量和耐力。

图5-64　弹力带力量练习

第四节　核心力量训练

核心力量对维持运动中的身体姿势、发挥运动技能和做出专项技术动作起着稳定和支持作用，这是由其所处的身体位置及肌群所储备的能量决定的。核心稳定是指在完成动作的过程中保持身体稳定和准确传导力量的能力。它涉及人的整体，并不是一个局部或者静态的概念。羽毛球的技术动作一般是多关节参与的、全身性的复合动作，每个技术动作基本都要求躯体具有一定的稳定性，力量要从下肢向躯干、手、球拍传导，因此，提高核心力量及核心稳定性对羽毛球运动员来说有着至关重要的意义。

一、核心力量训练的主要作用

开展核心力量训练的作用：稳定脊柱、骨盆；提高身体的控制力和平衡力；增强末端肌肉力量，加大整体能量的输出；提高上下肢的协调工作效率；预防运动损伤；降低能量消耗；提高身体的变向能力和移动速度。

二、核心力量训练的方法

（一）不借助任何器械的单人力量练习

该练习的目的在于使运动员深刻体会核心肌群的用力和有效控制身体的感觉。该练习的形式非常多，包括仰卧挺髋、半船式、两头起、平板支撑，等等。

（二）运用单一器械进行的非平衡性力量练习

运用单一器械进行的非平衡性力量练习是指借助某一器械调整不稳定的身体状态，以此训练神经—肌肉系统的平衡和控制能力以及本体感觉的一种练习方式。该练习通常会用到瑞士球、平衡板、波速球，以增加核心的稳定性。经过非平衡性力量练习的运动员，其神经—肌肉系统的平衡和控制能力远远高于未经过此练习的运动员。运用单一器械进行的非平衡性力量练习不仅可以提高所训练肌群的力量水平和本体感受能力，还可以激活核心肌群，使其参与运动过程。

在该练习中，运用最多的是瑞士球和平衡板等不固定的器械。使用这些器械进行非平衡性力量练习，可以有效动员躯干的深层肌肉参与运动，并使运动员在动作过程中控制躯体始终保持正确的运动姿态。

（三）使用多种器械进行的非平衡性力量练习

使用多种器械进行的非平衡性力量练习包括单（双）脚立于波速球上，做上肢持轻器械举、推、拉、下蹲、躯干扭转等动作的练习；坐于瑞士球上，做上肢持轻器械举、推、拉、下蹲、躯干扭转等动作的练习等。

第五节 腿部力量练习

增强腿部力量可以在保护膝关节的同时，让运动员的步法变换更加灵活。在进行腿部力量练习之前，运动员需要明确自己的问题，这样训练时才能对症下药。对于场上不爱跑动的运动员，可以安排移动专项步法练习；对于场上跟不上节奏、转体和启动慢的运动员，可以安排原地快频专项步法练习；对于腿部力量弱的运动员，可以安排腿部负重力量练习。

一、腿部力量练习的作用

羽毛球涉及大量的跑动、跳跃和快速变向动作，而完成这些动作需要腿部灵活有力。例如，大腿后侧肌群主要参与膝关节的屈曲和臀部的伸展；小腿三头肌包括腓肠肌和比目鱼肌，它们主要参与踝关节活动，对跳跃和快速启动非常重要。因此，腿部力量很重要，如果运动员没有持续跑动的能力，那么再好的技术都毫无用武之地。

很多伤病的出现是由于运动员的腿部肌肉力量不足。例如，在跨步支撑、蹬地启动时，腿部肌肉力量不足会导致膝、踝关节进行过度代偿，最终导致膝、踝关节损伤。所以，学会腿部肌肉的主动发力方法，可以减轻打球过程中膝、踝关节承受的压力，减少运动损伤，延长运动员的运动寿命。

二、腿部力量练习的方法

（一）静蹲练习

静蹲要求运动员在背靠墙蹲立时大腿和小腿之间的夹角保持90度，小腿垂直于地面。静蹲可以增加下肢尤其是大腿前侧股四头肌的肌肉力量和耐力，对膝关节有一定的稳定作用，能降低膝关节的损伤风险。该练习通常以静蹲 90 ~ 120 秒为一组。

（二）全蹲跳练习

腰背挺直，核心收紧，身体不能乱晃，臀部往后坐，蹲到底（达到个人极限）。利用蹲到底时大腿和臀部肌肉的弹性起跳，只在起跳的瞬间发力。下蹲时吸气，起跳时呼气。完成 15 ~ 20 个全蹲跳为一组，每次练习 3 ~ 4 组。

（三）半蹲跳练习

腰背挺直，核心收紧，身体不能乱晃，下蹲至大腿与地面平行，膝关节不能超过脚尖。利用下蹲时大腿和臀部肌肉的弹性起跳，只在起跳的瞬间发力。下蹲时吸气，起跳时呼气。腿部肌肉力量不足的运动员，可以降低难度，先做动作幅度较小的下蹲跳练习。完成

15 ~ 20 个半蹲跳为一组，每次练习 3 ~ 4 组。

（四）180 度转身跳练习

保持核心稳定，腰腹收紧，双脚蹬地起跳，利用核心力量使身体在空中旋转 180 度。注意节奏，保持规律呼吸。完成 15 ~ 20 个 180 度转身跳为一组，每次练习 3 ~ 4 组。

（五）臀桥练习

仰卧，双臂伸向身体两侧，手掌贴地，双腿屈膝分开，用脚跟作为支撑点，核心和臀部肌肉收紧，将腰部和臀部向上抬起，直至大腿和上体呈一条直线，稍作停顿后使腰部和臀部缓慢回落，还原为准备姿势，全程要保持均匀呼吸。腰部和臀部向上抬起 30 ~ 45 秒为一组，每次练习 3 ~ 4 组。

（六）深蹲或负重深蹲练习

两脚开立与肩同宽，两脚外撇 30 ~ 45 度自然站立。

运动员在做好准备姿势后，根据自身情况负重，吸气的同时慢慢屈膝下蹲。下蹲时，膝关节朝脚尖方向移动，直至大腿平行于地面或稍低于膝关节。下蹲至最低处时，保持该姿势 1 ~ 2 秒再蹲起。蹲起时，腿部发力，同时呼气，想象蹬地发力将头向上顶。运动员在整个深蹲过程中要掌握好节奏，保持动作稳定。

第六节　协调性练习

协调性是速度、柔韧、灵敏、力量等身体素质的综合体现，制约和影响着人体的运动水平。我国著名运动训练理论专家田麦久教授特别重视对儿童在训练初期进行协调性培养，他认为儿童时期正是发展协调性最有效的时期。

不过，就算错过了协调性发展敏感期，运动员也可以通过重复练习形成肌肉记忆，从而提高协调性。成人可通过肌肉记忆弥补身体在协调性上的先天不足。

一、平衡训练

目的：使运动员保持身体平衡，从而快速移动并准确完成击球动作。

方法：可进行单脚站立练习、使用平衡垫的单脚站立练习或者负重弓步练习等。

二、手眼协调性训练

目的：使运动员具备高度的手眼协调性，从而准确判断球的飞行轨迹并做出正确的决策。

方法：可使用反应球或反应训练灯进行步法配合练习，或者模拟比赛情境，进行实战演练等。

三、身体姿势训练

目的：使运动员能灵活地调整身体姿势，以适应球的飞行轨迹。

方法：练习扭转、蹲跳、展腹、收腹等身体动作以及各种技术的挥拍动作。

四、敏捷梯训练

敏捷梯训练是用来提升身体协调性、敏捷性、灵活性的训练方式，能有效增强脚底肌肉以及踝关节、膝关节周边肌群的功能，减小下肢损伤的概率。

（一）前进小碎步

目的：培养步法移动的节奏感，增强踝关节周边肌群的力量。

方法：面对敏捷梯，往前方格子移动的过程中，双脚依次快速进入格子并往前移动。该练习要求双脚始终以前脚掌着地，步法移动轻快、节奏感强。

（二）横向小滑步

目的：提高步法移动的频率和速度。

方法：侧对敏捷梯，两脚平行移动，依次落在格子内。同样，该练习要求步法移动轻盈快速，双脚始终以前脚掌着地。

（三）前前后后

目的：提高对步法的控制能力和身体平衡能力。

方法：侧对敏捷梯，两脚依次踏入格子，再依次踏出格子，同时身体保持横向移动。

（四）进进出出

目的：提高步法移动的频率，培养步法移动的节奏感。

方法：面对敏捷梯，一只脚先踏入格子，另一只脚再踏入格子。接着，一只脚先踏出格子，另一只脚再踏出格子，同时身体向前移动。该练习要求步法移动轻快、流畅。

（五）蝎子摆尾

目的：改善下肢协调性，培养步法移动的节奏感。

方法：面对敏捷梯，双脚依次进入同一个格子，再依次全部走出格子，并在出格子的过程中完成双脚交叉步练习。

（六）高抬腿跳

目的：提高身体控制能力和步法移动的频率，增强踝关节周边肌群的力量。

方法：面对敏捷梯，双脚交替抬起，大腿尽量与地面平行，随后双脚依次落在格子内，同时身体向前移动。同样，该练习要求步法轻盈快速，双脚始终以前脚掌着地。

五、协调性训练计划

训练周期：每周至少进行 1 ~ 2 次协调性训练。

训练强度：每次训练可选择 5 ~ 10 个动作，完成 30 秒为一组，循环做两组。

以上协调性训练既可以提高步法移动的速度和身体的灵活性、平衡性、协调性、节奏感，也可以提高身体的移动速度和加速能力，增强神经系统对速度的记忆，使运动员能在必要的时候做出任意方向上的快速移动，但运动员需要经常进行协调性训练，才能达到这一训练效果。

第七节　手腕发力

手腕是人体连接手掌和前臂的部位，是人体的一个关节。手腕动作主要通过前臂的肌肉群发力完成。

一、手腕发力不等于屈腕发力

手腕能完成屈腕、外展和内收等动作。然而，由于内收和外展动作的幅度不大，所以日常生活中并不常用，并且屈腕动作是以腕关节为支点的杠杆运动，动作幅度较大，因此很多人会误以为手腕动作仅指屈腕动作，而把手腕内收和外展动作归到前臂动作，从而忽略了它们的存在。

二、手腕力量练习

（一）抓握杠铃片练习

抓握杠铃片练习要求手指在空中抓握杠铃片，且杠铃片不能掉落。这是一个能有效提高手指瞬间抓握能力的练习。完成该动作的速度越快，越能锻炼手腕的爆发力；反之，则起不到锻炼爆发力的作用。该练习可以锻炼腕部的肌肉，对治疗手腕伤病也很有帮助。

（二）哑铃练习

哑铃练习要求运动员手持哑铃，固定前臂，只做手腕屈、伸、内收、外展的力量练习。

该练习可以锻炼腕部的肌肉。

（三）辅助器械练习

典型的辅助器械练习为利用羽毛球振力棒锻炼腕部的肌肉。

第八节　手指发力

一、常规发力

常规发力是指手指直接发力，在羽毛球握拍中表现为拇指顶压、食指扣压、后三指握紧。拳式握拍通常是四指握紧，有时拇指甚至也参与握紧的动作，其目的是增加拍头的旋转半径，并防止高速转动的球拍脱手。初学者不要轻易尝试，因为采用这种握拍方式时小指一般处于旋转中心，受力过大，很容易受伤。

二、捻转发力

捻转发力是基于常规发力，在标准握拍的基础上，以拇指和食指为主导的转动球拍动作。

拇指以拍柄的宽面和宽面旁的棱为基准，通过摩擦拍柄的方式来回滚动球拍。在特定的情况下，运动员可能需要调整拇指和食指的位置，比如反手吊斜线时运动员会因为手臂、手腕的转动受限而提前将拇指和食指移动到拍柄的棱甚至窄边上，以便调整拍面角度。

捻转发力的力量来源于手指和拍柄之间的摩擦力。摩擦力的大小取决于两个因素：一是拍柄上的手胶，带有一定黏度的手胶能帮助运动员更好地控制拍面；二是宽面与窄面之间的棱角，如果棱角被缓冲膜或者厚实的手胶包裹得太严实，手感就会丧失，所以很多运动员喜欢去掉缓冲膜或手胶，来加强精确掌控拍面的手感。初学者不建议采取这种做法，因为拍柄的棱角容易磨破手指，建议缠绕缓冲膜来保护手指。

三、手指力量练习

常规发力主要依靠前臂肌肉力量，运动员可以通过敲打瑜伽球的方法增强前臂肌肉的爆发力。

捻转发力需要手指的协调配合，运动员可以通过转拍练习增强手指的灵活性；还可以通过抓实心球的方式锻炼手掌肌肉。具体而言，运动员可选择 1～5 千克的实心球，进行单手抛抓练习，练习次数可参考普通的力量练习。

初学者在训练时应量力而行，急功近利可能会导致受伤。建议初学者从手臂发力为主的训练逐渐向手指发力的训练进阶。

第九节　整理活动

羽毛球是一项高强度的有氧运动，它不仅能提高心肺功能，还能增强肌肉力量和耐力。然而，运动后的整理活动同样重要，它有助于恢复身体，缓解肌肉酸痛，提高运动表现，预防运动损伤。

一、冷却运动

冷却运动是使运动员在运动后快速恢复身体状态的重要活动，它有助于逐渐降低心率，减少肌肉紧张，并促进血液循环。常见的冷却运动有散步、慢跑和深呼吸。

（1）散步：在运动结束后，不要立即停下来休息，应该在场地周围慢慢走动 5 ~ 10 分钟，这有助于心率逐渐恢复正常。

（2）慢跑：如果条件允许，可以在场地上慢跑几圈，这有助于放松肌肉，促进血液循环。

（3）深呼吸：进行深呼吸，有助于放松身体，缓解紧张感。

二、拉伸运动

拉伸运动有助于提高肌肉的柔韧性，消除肌肉紧张，缓解肌肉酸痛，预防肌肉拉伤。拉伸运动包括颈部拉伸、肩部拉伸、胸部拉伸、背部拉伸和腿部拉伸，主要使用静态拉伸方法。

（1）颈部拉伸：使耳朵缓慢地向肩膀靠近，直至感受到颈部被拉伸，保持该姿势 15 ~ 30 秒，换另一侧练习。

（2）肩部拉伸：将一只手臂横在胸前，用另一只手臂轻轻拉动其肘部，直至感受到肩部被拉伸，保持该姿势 15 ~ 30 秒，换另一侧练习。

（3）胸部拉伸：双手放在背后，手指交叉，慢慢抬起手臂，感受到胸部被拉伸。

（4）背部拉伸：双手放在头后，上体慢慢后仰，感受到背部被拉伸。

（5）腿部拉伸：站立时，将一只脚向后抬起，用手抓住脚踝，保持该姿势 15 ~ 30 秒，换另一侧练习，该方法可用于拉伸大腿前侧肌肉。将一条腿向前抬起放在高处，保持单腿站立，屈髋，高处腿的脚尖回勾，双手向前够高处腿的脚跟，保持该姿势 15 ~ 30 秒，换另一侧练习，该方法可用于拉伸大腿后侧肌肉。

综上所述，运动后的整理活动非常重要，不容忽视。正确开展整理活动，能使运动员更好地享受羽毛球带来的快乐，并从中获得更多的健康益处。

第六章

常见羽毛球运动损伤的预防及训练与恢复计划的制订

第一节　常见的羽毛球运动损伤

在各项体育运动中都会出现运动损伤，其中，肌肉拉伤是常见的运动损伤之一，这在羽毛球中也不例外。由于运动员需要频繁跑动、变向，所以大腿肌群最容易拉伤。再加上运动前的热身不充分、天气寒冷等因素，大腿肌群就更容易受伤。但是运动员也不能因噎废食，只要注意运动中的自我保护，重视运动前的热身、运动中的技术动作要领、运动后的整理活动，就一定可以降低损伤风险。

羽毛球中常见的急性运动损伤有腕关节损伤、肩袖损伤、膝关节损伤、网球肘、踝关节损伤、腰肌损伤、跟腱断裂，下文将对这些损伤进行详细介绍。

一、腕关节损伤

腕关节损伤是较容易出现的一类损伤，这是由羽毛球的技术特点决定的。无论是后场杀球，还是吊球、挑球、推球、扑球、勾球，都需要手腕发力，但完成不同技术动作时手腕的动作又有所区别，即使手腕只是完成快速伸直、闪动、鞭打击球的动作，在鞭打时也要通过屈、收不断调整拍面角度，所以腕关节的薄弱环节——三角软骨盘不断受到挤压，容易出现损伤。因此，运动员在打羽毛球时，应重视手腕的热身，并长期坚持做好腕关节损伤的预防工作。

二、肩袖损伤

肩袖损伤也是羽毛球中多发的一类损伤，这是由于在羽毛球的各项技术中，无论是正手击球、反手击球还是劈吊技术，其基本动作都是先引拍，当球落至头的前上方时，前臂向右上方抬起，肘部朝前，随后前臂自然后摆，手腕后伸，击球时前臂急速内旋，带动手腕屈收、鞭打发力。肩部多次重复上述动作，使得组成肩袖的四块肌肉长时间处于超负荷状态，进而引起肩袖损伤。

三、膝关节损伤

膝关节损伤是羽毛球中极易发生的一类损伤，这是因为运动员经常要在短距离内完成瞬间变向、起跳、跨步、后蹬等动作，使得膝关节承受高强度的应力作用，而且动作不协调、过度用力和过度疲劳常常会引发膝关节的急性损伤。因此，在打羽毛球时，运动员要特别注意这种发生率高的损伤。

四、网球肘

网球肘是球拍类运动中较为常见的伤病。在羽毛球技术动作中，运动员经常要做出腕部屈、伸，前臂内旋、外旋，肘部屈、伸和轴向旋转的动作。当肘关节的屈曲角度为130～180度时，伸肌群的合力最集中，外侧韧带也拉得最紧。此时前臂伸肌重复用力，就可能发生肘关节损伤。因此，打羽毛球时，保护肘关节、预防网球肘是十分必要的。

五、踝关节损伤

运动中造成踝关节损伤的主要原因包括支撑或落地时脚不稳、技术动作完成不佳、带伤练习、起跳动作错误及热身不充分。在打羽毛球时，运动员完成全场移动、跨步支撑、起跳落地都要用到踝关节。因此，了解和掌握预防踝关节损伤的方法是十分必要的。

踝关节损伤的症状：外踝损伤时，外踝前下方凹陷处会出现不同程度的肿胀或皮下淤血，严重时，患足不能支撑站立。如果是单纯的韧带撕裂，外踝下方一般会有压痛感。合并撕脱性骨折时，踝关节处会有明显的局部性压痛。慢性踝关节劳损往往表现为热身时踝关节疼痛，活动后疼痛减轻，大量运动后疼痛加剧。

出现踝关节损伤后，一定要及时检查，以免因误诊而引发慢性病理过程。踝关节扭伤后，应立即冷敷并抬高伤肢。

六、腰肌损伤

羽毛球的技术特点要求腰部经常处于过屈（如弓步接吊球、搓网前球时）或过伸（如扣球、杀球、击后场高球时）的状态。在重复这些动作的过程中，腰肌容易受损。此外，打球时注意力不集中、肌肉过于放松、技术动作错误、热身不充分等原因，都容易造成急性腰肌损伤。

当发生急性腰肌损伤后，运动员应立即停止运动，严重者应立即被送往医院，以防因延误治疗而转为慢性损伤。损伤初期，运动员宜睡硬板床，注意保暖与休息，严重者需休息 2 ~ 3 周。治愈后应尽量避免再次损伤，必要时可使用束腰带，以保护腰部。

七、跟腱断裂

打羽毛球时，跨步、起跳击球的动作较多。由于剧烈的急停、变向或跟腱劳累过度，跟腱可能会断裂。此外，在拉力产生过快等情况下，跟腱也容易出现损伤。经过调查，虽然跟腱断裂的发生率不高，但是它的治疗时间比较长，这将给运动员带来诸多不便。因此，对跟腱断裂的预防应引起广大运动员的重视。

跟腱断裂患者常有小腿被踢中或被击打的感觉，有时可听见"嘭"的声响。跟腱断裂后，患者一般会立即感到疼痛，甚至不能行走。在出现这种情况时，运动员应立即停止运动，去医院检查并及时治疗，以免耽误最佳治疗时间。

第二节　常见运动损伤的预防方法

无论从事何种运动，我们都要事前做好充分准备，提高身体的兴奋度，将状态调至最佳，加强身体各部位的功能活动，以防出现运动损伤。运动中应注意加强自我保护，如出现关节损伤，可以使用关节护具，同时应循序渐进地增加负荷强度。运动中肌肉疲劳或出现疼痛时，尤其是在剧烈运动后的第二天，运动员应休息几天，以缓解肌肉疲劳。正确掌握技术动作的要领也很重要。在完全掌握技术动作的要领之前，运动员不能盲目进行练习。

羽毛球常见运动损伤的预防和强化锻炼方法如下。

一、腕关节损伤的预防和强化锻炼方法

预防方法：重视手腕的热身，长期坚持做好腕关节损伤的预防工作。

强化锻炼方法：运动员可用哑铃或沙瓶做腕部负重练习，以增强腕部肌肉力量。练习次数与负荷强度可视个人情况而定，建议当手臂出现酸胀感时停止。也可加重球拍的重量做绕 8 字练习，以增强腕部肌肉力量。注意，运动时应戴上护腕或用弹力绷带进行加固。

二、肩袖损伤的预防和强化锻炼方法

预防方法：做好充分的热身，并在打球时注意技术动作的规范性。

强化锻炼方法：在运动前，运动员要进行充分的热身，并在打球时注意技术动作的规范性。运动员可加强肩部的力量训练和柔韧训练，具体而言，运动员可将有一定重量的物品置于肘部，随后将其平举至与肩同高处，保持该姿势 1 ~ 2 分钟为一组，每次练习 4 ~ 6 组。组间间歇时，注意放松肩部，运动员可进行肩部正压、反拉等练习。

三、膝关节损伤的预防和强化锻炼方法

预防方法：训练前做好热身，以增加膝关节的活动度和稳定性。运动员特别要注意这种发生率高的损伤。

强化锻炼方法：进行静力半蹲或负重静力半蹲来增强膝关节周边肌肉的力量。如果股四头肌的力量强，那么它在运动中承受负荷的能力就强，这可以使膝关节免受巨大应力的冲击，膝关节出现劳损的可能性就会减小。做膝关节力量练习时，膝关节的屈曲角度可由小到大，每次的练习时间可由 5 分钟慢慢加到半小时。当股四头肌出现轻微抖动时，停止练习。运动员可佩戴护膝进行练习。

四、网球肘的预防和强化锻炼方法

预防方法：上场前，运动员要充分活动肘部。例如，在打球前挥几分钟空拍，特别是在冬季。此外，还可以加粗拍柄。一般来说，厂商生产的球拍拍柄较细，以便符合广大人群的需求。但对大部分运动员来说，它太细了。握紧球拍时，肘部负担会过重，加粗拍柄可以明显减轻肘部负担。

强化锻炼方法：运动员应放松地握拍，击球时肘部不要伸得过直。注意，肘部疼痛往往会在突然加大运动量时出现，应逐步增加力量练习，并避免打球的时间突然变长。如果运动员受伤，可佩戴护肘。

五、踝关节损伤的预防和强化锻炼方法

预防方法：运动员在运动前应进行充分的热身，鞋的松紧要适度（不能太松）；运动中注意避免过度疲劳；在腾空跳起击球时注意落地缓冲。

强化锻炼方法：加强针对踝关节周围肌肉的力量练习，如进行跳绳或负重提踵练习，以增强踝关节的稳定性和力量。

六、腰肌损伤的预防和强化锻炼方法

预防方法：运动前应做好充分的热身，特别是腰部的热身。

强化锻炼方法：加强腰腹部肌肉的力量训练，如进行平板支撑和仰卧起坐练习。

七、跟腱断裂的预防和强化锻炼方法

预防方法：运动前应做好充分的热身，特别是腿部的热身，从而将身体调整至最佳状态。

强化锻炼方法：加强小腿三头肌的力量训练，如进行负重提踵练习。

第三节　运动后的饮食与恢复

健康的身体是运动的前提和基础。均衡的饮食、充分的恢复有助于身体健康与疾病预防，能使运动员保持充沛的精力和良好的体能，为运动员更好地参与羽毛球训练和比赛打下坚实的基础。

一、饮食

由于羽毛球属于有氧运动与无氧运动相结合的运动，所以身体在运动过程中会消耗大量的热量。合理的饮食有助于身体快速补充所需的营养成分，提高运动耗能储备；而不科学的饮食非但不能及时补充身体所需的营养成分，反而会造成肠胃疾病，阻碍运动员训练成绩的提升，甚至会影响身体健康。

（一）科学的膳食

如果在运动过程中出现能量不足的情况，运动员的整体运动能力就会出现严重下降的趋势，进而影响其运动能力的发展，所以科学的膳食是运动员完成高强度训练、实现良好的体能恢复、维持最佳机能状态的基本保证。

（二）糖分补给

糖分是运动员训练和比赛的能量源，它能够在短时间内满足肌肉的能量需求，从而为运动员提供更多的热能。糖分主要来源于富含葡萄糖、果糖、蔗糖的高糖食品，以及淀粉类食物。

（三）液体补给

在羽毛球训练或竞赛中运动员可能会出现脱水现象，其导致的后果是心律加快、血容量减少、呼吸加快、易怒、肌肉抽搐、精神活动减弱，严重者甚至会出现幻觉或昏迷。脱水现象主要表现为口渴、眩晕、四肢无力，此时运动员不能饮用高浓度果汁，应饮用运动饮料，以便及时补充水分和盐分。总之，在运动前、中、后期，补充适量的水分是十分重要的。

二、恢复

恢复是运动训练的重要组成部分，只有采用积极性恢复，才能更好地消除疲劳，促进身体的快速恢复，提高运动员的身体素质和比赛能力，为保持最佳训练状态和竞技水平提供保障。

按摩是促进运动系统恢复的常见手段，它是通过机械刺激促进血液循环，加速代谢产物的消除，提高局部营养物质供应，消除肌肉、筋膜组织黏连的一种恢复手段。运动员可以选择用泡沫轴、筋膜球、筋膜枪等对局部区域进行按摩，每个部位按摩 3 ~ 5 分钟。同时，还可以使用冷敷、热敷、水疗等常用的恢复措施。

运动后的心理调节也很重要。合理的心理暗示能够引导神经系统进行有效调节，使肌肉放松、呼吸平缓、心情稳定。如冥想能提高自我的感知能力，让自己对身体状况有更为清晰的认识，进而合理调整运动负荷，避免身体过度疲劳，还能够让精神得到舒缓和放松，增强自我控制能力。

睡眠也是运动员在运动后消除疲劳、恢复体力的好方式。睡眠时，大脑皮层的兴奋程度降低，体内分解代谢处于最低水平，这有利于体内能量的储备。充足的睡眠是消除疲劳的基础，睡眠质量则取决于整体睡眠时间和深度睡眠时长，因此就寝前的精神状态会直接影响入睡状态，所以运动员在就寝前一定要让精神状态趋于平静，避免受到外界的过度刺激，同时保持室内空气清新，以便快速进入睡眠状态，消除身心疲劳。

此外，还可以通过欣赏舒适的自然环境、听音乐、谈话等方式减轻心理压力，调节心情，消除疲劳。尤其是对过度疲劳的人来说，音乐就像"灵丹妙药"，能够在短时间内让全身肌肉松弛，增加脑的供血量，放松精神，可谓一种消除疲劳的高效手段。

第四节　制订有效的训练与恢复计划

制订有效的训练与恢复计划对于运动员来说至关重要，这不仅有助于提高其运动表现，还能降低运动损伤风险。

一、羽毛球训练与恢复计划的内容

（一）基本技术动作训练

基本技术动作包括正手和反手的发球、截击、挑球、抽球和扑球等，需要运动员通过反复练习来熟练掌握。接发球练习可以使运动员熟练掌握接发球技巧并提高反应速度，这对于控制比赛节奏和发起进攻至关重要。而模拟比赛情境，进行组合技术练习，则有助于运动员提高比赛实战能力。

（二）身体素质训练

有氧运动能增强心肺功能，提高运动耐力。爆发力训练能提高肌肉的快速发力能力，这对于羽毛球中的快速启动和强力击球非常重要。灵活性训练能提高运动员的反应速度和协调性，使他们能更快地适应比赛中的变化。柔韧性训练能增大肌肉和关节的活动范围，降低运动损伤风险，提高动作的流畅性。

（三）恢复训练

拉伸能提高肌肉的柔韧性，帮助肌肉放松，减轻酸痛感。按摩能促进血液循环，缓解肌肉紧张和疼痛。冷热交替浴可以刺激血管扩张和收缩，促进代谢废物的排出，加速恢复。

（四）营养补充

早餐应包含高蛋白质食物和水果，以促进肌肉修复，并为身体提供必要的维生素和矿物质。训练前吃零食，如坚果或能量棒，能快速补充能量，以满足训练期间的能量需求。午餐摄入高蛋白质食物，有助于肌肉恢复，同时运动员也需要摄入足够的碳水化合物来补充能量。训练后营养补充的重点在于及时补充消耗的能量和修复肌肉，此时运动员通常需要摄入高升糖指数（GI）的碳水化合物和优质的蛋白质。

（五）心理调适

心理调适是运动员准备比赛的一个重要方面，能够帮助运动员更好地控制自己的情绪，提高比赛表现。心理调适的方法包括心理暗示、音乐疗法和社交互动。心理暗示指运动员通过积极的自我对话来提高自信心和集中注意力；音乐疗法指运动员通过听放松的音乐来缓解压力和焦虑；社交互动指运动员通过与他人交流来缓解压力、调节情绪。

（六）个性化训练计划制订

运动员应根据个人的身体状况、技术水平和比赛目标来制订训练计划，确保训练内容和强度符合个人的实际情况和需求。

（七）专业指导

教练员或体能训练师可以根据运动员的特点和需求，制订专业的训练与恢复计划，帮助运动员更安全、更有效地提高运动表现。

一个有效的训练与恢复计划应该是全面的，涵盖技术、身体、心理和营养等各个方面，同时训练与恢复计划也需要根据运动员的具体情况进行调整，以确保最佳的训练效果和最快的恢复速度。

二、合理评估和制订训练与恢复计划

制订适合自己的训练与恢复计划需要考虑多个因素，包括个人的健康状况、运动经验、目标、时间安排等。制订训练与恢复计划的具体步骤如下。

（一）明确训练目标

明确自身的训练目标，如提高技术水平、增强体能、减肥、增肌或准备比赛等。注意，应设定具体、可衡量、可实现、相关性强和有时限的目标。

（二）评估健康状况

了解自身当前的健康状况，包括可能限制运动能力的损伤或伤病。评估自身的运动基础和技术水平，明确需要改进的方面。

（三）划分训练周期

根据训练目标划分训练周期，如基础训练期、强化训练期和竞赛准备期。每个周期应有明确的目标和计划，并逐步提高训练强度和难度。

（四）规划训练内容

技术训练包括技术动作掌握、战术理解和技能提升。根据羽毛球的运动特点，体能训练一般包括有氧运动、力量训练、灵活性训练和速度训练。恢复训练包括拉伸、按摩、适当的休息和营养补充。

（五）安排训练时间

根据个人情况和训练目标确定每周的训练频率。一般来说，每周至少应安排 3 ~ 5 次训练。注意，在每次训练时，应确保有足够的热身和整理活动时间。

（六）设定训练强度

根据个人的体能水平和训练经验逐步提高训练强度。可以使用心率监测仪器或其他工具来确保训练强度在适宜的范围内。

（七）营养和恢复

制订合适的饮食计划，保证摄入足够的营养来支持训练和恢复。同时应确保有足够的睡眠和休息时间，以促进身体的恢复。

（八）监测和调整

定期监测训练效果和身体状况，如有必要，应及时调整训练与恢复计划。此外，还